相由心生

微表情心理学

MICROEXPRESSIONS PSYCHOLOGY

志　舒◎编著

教你如何成为读心神探

透视举止奥秘，分析对方心理

北方妇女儿童出版社

· 长春 ·

图书在版编目（CIP）数据

相由心生: 微表情心理学 / 志舒编著 . -- 长春 : 北方妇女儿童出版社，2019.1 （2023. 5 重印）
ISBN 978-7-5585-3261-0

Ⅰ . ①相… Ⅱ . ①志… Ⅲ . ①表情 - 心理学 - 通俗读物Ⅳ . ① B842.6-49

中国版本图书馆 CIP 数据核字（2018）第 291413 号

微表情心理学
WEIBIAOQING XINLIXUE

出 版 人　师晓晖
策　　划　师晓晖　魏广振
责任编辑　关　巍
排版制作　尚唐一品
开　　本　880mm ×1230mm　1 / 32
字　　数　120 千字
印　　张　6
版　　次　2019 年 1 月第 1 版
印　　次　2023 年 5 月第 3 次印刷
出　　版　北方妇女儿童出版社
发　　行　北方妇女儿童出版社
地　　址　长春市福祉大路5788号
电　　话　总编办 0431-85644803
　　　　　发行科 0431-85640624
印　　刷　旭辉印务（天津）有限公司

定　　价　29.80 元

前言

面部表情是一种无声的语言。

在人际交往中，无论是否面对面，都会下意识的表达各自的情绪，与此同时也会留意对方的各种表情。而在几乎所有的生物中，人的表情又是最丰富也是最复杂的。据统计，人的面部表情就有25万种之多，正因如此，才使得人们的社会交往变得复杂、细腻而又深刻。

虽然人的面部表情在很大程度上对揭示性格有一定的可取性，相对于语言更能表达人的内心，但要想在瞬间识别人心，看似简单，实则不易。人生就像是一场化装舞会，每个人都用面具挡住自己的真实表情。一个人到底是言为心声还是口是心非，只有摘下他们的面具，你才能看透他们的心声，一切秘密将尽收眼底。如果要想真正的了解他们，那就要从看懂他们的微表情开始。

微表情是近年来比较热门的专项科学，而且越来越为大众所用。微表情之父是美国著名心理学家保罗·艾克曼，微表情就是他的研究成果。与一般的表情不同，微表情是无法伪装的，因为微表情是人们内心情绪的一个“阅读放大器”，一张陌生的面孔上有什么样的情感表达，一个瞬间即逝的动作下有什么样的活动内容，都可以通过观察他（她）的微表情而尽收眼底，使你了解他（她）人行为的秘密，从而看透其心理——你可以看到事物的本质及其发展趋势，你可以据此推断其修养和人生态度等，让你读懂人心，识破谎言或骗局，从而让你在职场商场情场等各种场合中左右逢源、运筹帷幄，一切尽在掌握之中。

由于时间匆忙，本书在编写过程中，参考了很多同类书籍，没来得及同个别编著者取得联系，敬请原谅。本书出版后，若有个别编著者愿同我们联系，我们非常欢迎。

目录

第一章 解密微表情

人类的面部表情十分丰富，它记录着一个人的喜怒哀乐，也刻印着一个人的个性和阅历。在人们面对面交流的过程中，面部的细节最能透露一个人的情绪变化状况。美国联邦调查局的探员将人的面部称为“思维的画报”。如果我们想要读懂一个人内心微妙的世界，那么了解他脸上各种表情的含义就非常重要。

人类表情特征

人类的心理活动非常微妙，而这种微妙的动态往往会从表情里流露出来，关于这一点，一般人都有这方面的经验。内心的活动用语言表达，远不如用表情表达来得更明显。

某些时候，不能从表情上去判断对方，因为真正的含义常常被隐藏在伪装之下，使人难以识别。所以我们要学会从不同的表情和动态中，探视对方的性格特征和真实意图。

1. 注视的眼睛

一双眼睛可以透露出此人的本意和心声。俗话说：“眼睛是心灵的窗户。”因为一个人身上的任何器官，都不能比眼睛更有功效，眼睛是无法掩饰一个人内心的秘密的。

要想洞悉一个人的内在活动，观察对方的视线活动是至关重要的。一个人内心深处的欲望和感情，最主要是从视线里透露出来的。

当你想和某个人交往时，你会注意对方是否仍在看着自己，这是了解对方是否对自己有亲近感或有无兴趣，以及是否关心自己的根本。如果对方连看也不看你一眼，那只表示对方对你全无兴趣，也就谈不上关心。比如，你在街上碰见一个陌生人，他老是用眼睛瞪着你，你肯定会觉得很讨厌，甚至有时候还会产生恐惧感。

如果你第一次与某人见面时，不是用声音打招呼，而是用眼睛来打招呼，这说明你是个主动型的人。你热情、性格外露，对新鲜事物有着强烈的好奇心。你的行为表明，你时时刻刻都想争取主动。所以，你与别人打交道时，总是先瞪着眼看人。

如果你与人初次见面时，对方一面将视线投向别处一面与你交谈，那么你一定要提防这种人。因为，一般来说，这种人心里另有隐情，或者心里头有鬼，为了不让别人知道自己的内心秘密，往往会将视线转移到别处。

只要你细心，你就会发现一些关于视线的有趣的话题。当你注意某个人只向一位异性看了一眼，就故意收回了视线，而不再看，那么你就会知道这种情形的反面，表明他其实有相当强烈的欲望，只不过他把欲望压抑下去了，这也是一种自控行为。

另外，当一个人的关心和欲望越高，反而会出现斜视。例如一个人急于想知道对方的态度，但却故意隐藏自己的关怀，而不让对方知晓。这就是不让别人知道自己正在瞧着他，所以才不动声色，用斜视来看对方的原因。

2. 失去平衡的表情

如果一个人的感情很激动，使得他的面部表情失去平衡，你会清楚地看到在他的脸上是如何反映出这些变化的。

一个人倘若遇见高兴的事，如可能发了笔不小的财，或者收到一份礼物，那么他的脸部肌肉就会松弛；而一旦遇到悲哀的事情时，如遇到挫折或是遗失了心爱之物，那么他的面部肌肉就会僵硬或一脸的哭相。

如果一个人正在工作时，忽然沉默下来，而且很明显地露出不愉快的表情，那么这种人在危机的状况下，极难承受得起精神上的负荷，对于事态的发展方面，无法应付自如；在实际生活方面，他就缺乏坚强的性格；如果是在逆境的情况下，他就会立刻表现出软弱的本性。

3. 没有表情

没有表情并不等于没有感情。要知道佯装一种与感情不符的表情，对于一般的人来说，是件非常不容易的事，因为内心的活动，倘若不呈现在脸部的肌肉上，那会极不显得自然。

假如某个职员不满公司主管的言行，却只能敢怒不敢言，只好装出一副毫无表情的样子。而事实上，不管这人如何压抑那股愤怒的感情，内心的不满依然很强烈，如果仔细观察他的面孔，你会发现他的脸色有不对劲的地方，或出现目光僵直。

如果你遇到这类人，最好不要直接去指责他，或者当场使他难堪。因为你使他难堪，他会恨你一辈子的。

当你遇到这种情况时，最好对他说："怎么脸色这么不好，生病了么？如果你有什么不满，不妨说出来听听。"这样反而可以安慰他。

另外，同样是毫无表情，也有两种情形：一种是极端的不关心，另一种是根本不看在眼里。例如你们正在谈话时，而对方却茫然地盯着你，表现出不知如何是好的样子。也许这种根本不看在眼里或漠不关心的表情，可能代表好意或是爱意的表情。因为有些人不愿让别人知晓自己的心情，即使对方看起来对你漠不关心，但实际上，却是非常关心你的。

4. 伪装的微笑

冷笑、苦笑、皮笑肉不笑，或者"脸上在笑，心却在哭"，这都是些什么样的笑啊？但面部肌肉的运动所呈现喜悦的表情，说明这的确是种笑。

这是因为脸上的表情跟内心的情绪完全相反，纵然怀有敌意，但表面上却要装出笑脸相迎，甚至谈笑风生，行为也显得落落大方。

原因在于愤怒、憎恨、悲哀等感情直接从面部表现出来，很容易成为阻碍社会生活的因素，所以人们都竭力设法压抑这种负面的感情，而尽量表露出喜欢和笑容满面的正面表情。所以在现实生活中，人们总是喜欢正面角色，而讨厌反面角色，就是这个原因。

在实际生活中，最多的例子就是夫妻之间的争吵。当彼此间的不调和达到很激烈的情况时，不快乐的表情反而会逐渐消失，结果呈露出愉快的笑脸，态度也显得谦恭而亲切。

当彼此间常常会陷入强烈的敌意和反感之中时，倘若在对方的面前表现这种敌意和反感的话，不但会给对方带来不愉快，甚至还会造成家庭危机，而这种情况是社会所不允许的。于是，就产生伪装的笑容，以及过分亲切的态度。

常见的面部表情

在文学作品里，有很多善于从对方身上的细微之处来获取信息的人物。其中最有名且最具代表性的，当属大侦探福尔摩斯。《血字的研究》是《福尔摩斯探案集》中的第一个案子。在书的开篇，福尔摩斯就远远地指着一个送信人道："他是个退伍的海军陆战队的军官。"当华生证实了送信人的身份后，对福尔摩斯惊人的判断力惊讶不已。但这位著名的侦探却淡淡地说：“我隔着一条街就看见这个人手背上刺着一只蓝色大锚，这是海员的特征。况且他的举止又颇有军人气概，留着军人式的络腮胡子，因此，我们就可以说，他是个海军陆战队员。他的态度有些自高自大，而且带有一些发号施令的神气……根据这些情况，我就相信他当过军官。”

在《福尔摩斯探案集》中，这个大侦探不止一次地展示自己惊人的观察力。他曾经对助手华生说：“你是在看，而我是在观察，这有很明显的差别。”不错，同样是看，但同一对象却能给观看者提供不同的信息。这一方面是天赋，但更关键的是要靠后天的学习和对人体行为的了解。在这里，就向大家介绍一些通过人体外部特征来识人的方法。

人与人见面时，最先注意对方的器官就是面孔，而面孔是通过表情来传递信息的。一个没有经过任何训练的小孩子画一个人的时候，一定会先画出这个人的脸。如果让幼儿按照自己的想象力画外星人，虽然最后的结果可能奇形怪状，但这个“怪物”一定少不了头，即便没有头，也会有其他部位来替代面孔。的确，再没有什么比人的面部表情更能透露内心想法的部位了。关于人类表情的来源，自从达尔文的进化论诞生之日起，就有了表情是进化来的还是受文化影响而产生的争论。

保罗·艾克曼是美国著名的心理学家，主要研究脸部表情辨识情绪与人际欺骗。1991 年获美国心理学会颁发的杰出科学贡献奖。在 40 年研究生涯中，他曾研究新几内亚部落民族、精神分裂病人、间谍、连续杀人犯和职业杀手的面容。FBI、中情局、警察、反恐怖小组等政府机构，甚至动画工作室也常常请他当情绪表情的顾问。在 20 世纪 60 年代，艾克曼曾经把一些白种人的照片带到新几内亚一个与世隔绝的部落。当这些土著人看到照片时，准确无误地指出了照片上人物的表情和心情，通过多年对东西方不同人种的追踪调查，艾克曼证实人类有六种与生俱来的基础表情：喜悦、悲伤、恐惧、愤怒、厌恶和惊讶。

喜悦：笑容被称为基础表情里的基础表情。笑容涉及的部位主要包括眼睛、嘴和脸颊。人们高兴时，嘴角会翘起，面颊上抬起皱，眼睑收缩，眼睛尾部会形成“鱼尾纹”。如果是大笑，还会产生从唇角外部一直向上延伸至鼻翼的笑纹。

悲伤：嘴是最能表露悲伤情绪的器官。当一个人伤心难过时，嘴角下垂，下巴抬起或收紧，同时会出现眯眼、眉毛收紧、眉端上扬的表情。双眉之间，鼻根及双眼会呈现出一个三角形。

恐惧：害怕时，双唇会紧紧地向后拉伸，眼睛张开，瞳孔收缩，眼白增多，下眼睑紧绷，眉毛上扬，鼻孔张大。

愤怒：这时眉毛下垂并向内紧缩，眼神冷酷严峻好像突出来一样，前额紧皱，眼睑和嘴唇紧张。

厌恶：厌恶的表情主要反映在人的眼睛里面，眼睛会眯起来，其他表情包括嗤鼻，上嘴唇上抬或者下嘴唇下拉，眉毛下垂。

惊讶：惊讶时，下颚下垂，嘴唇和嘴巴放松，眼睛睁大，眼睑和眉毛微抬，额头的皱纹会形成波状并横向分布在额头。

通过一个人的面部表情可以看穿一个人的心理，因为每个表情的后面都隐藏着对方的学识修养和生活经历。观察一个人的表情，不是简单指对方的相貌，更多的是变化。而表情既包括静态，还包括动态。艾克曼的另一项研究表明，有些一闪而过的表情，即“微表情”，常常在别人毫无思想准备时，就迅速从其眼皮子底下溜走。“微表情”最短只持续 1/25 秒，虽然这个下意识的表情可能只持续一瞬间，但人的情绪很可能就是在这一瞬间暴露给对方。一些破获刑事案件或恐怖行动的专家就是通过对方转瞬即逝的“微表情”来获取信息的。

研究人类表情是一门复杂的学问，通过系统专业的学习，可以有效地识别各种各样的人，不仅如此，还可以提升自己的魅力，掩饰自己的情绪。

优劣自在神韵中

在人与人的交往中，洞察别人要留心人们的表情和谈话的神态。判断别人想什么，要靠语调及表情态度来做辅助。一般来说，听别人讲话声音的感觉，与听本人谈话的感觉有很大的不同。这是因为言语是由眼睛所看，耳朵所听，全身心所感受的。据有关资料分析，各种感官刺激的程度分别是，视觉占 87%，听觉占 7%，嗅觉占 3.4%，触觉占 1.5%，味觉占 1%。不要忘了，在人与人的交往中，别人是在用锐利的眼睛来看你、观察你、分析你，它能透视你的心。

有人认为下列几点是交际中大部分人公认的恶劣态度，最好能够避免。

1. 就表情而言，应注意的态度，主要有：

①自鸣得意的态度，傲慢的态度，不屑的态度——这会伤害对方的自尊心。

②不稳定的态度——说一些没有自信心的话，而使听的人无法信任你。

③卑屈的态度——被视为傻瓜、无能，会让人低估你的实际能力以至被人从骨子里看不起。过度热衷于取悦别人，很难给人好印象。

④冷淡的态度，谲倔的态度——使人感觉不亲切，缺乏投入感，态度过于严肃，以使男性敬而远之的女性为多。

⑤不识时务的态度——如在酒席上谈论严肃的话题，如诉说悲哀的事情时，脸上无任何表情，或只知谈论个人兴趣，从不理会别人的感觉和反映。

⑥随便的态度——给人一种马马虎虎、消极的感觉，反应过激，语气浮夸粗俗，满口俚语粗语。

以上所举的态度，应该随时注意，应避免这些不良态度在与人交往中表现出来。

2. 就动作而言，应注意的姿势或动作，主要有：

①坐要有坐相，不要随便左右晃动，如果是女士的话两腿要并拢。

②站立时膝盖要伸直，腰板要直，不要抖腿，不要撅臀部。

③不要抓头搔耳，两手应自然垂放在两侧，或是轻放在前面。

④不要玩弄或吮吸手指，尽量不要跷脚。

⑤表情温和，有亲切的眼神和饱满的精神。

有的人说话喜欢将手指插在口袋里，有时还坐在桌子上。这种表情，不是好习惯，这是一种流于散漫，过于随便的讲话方式。

在交谈时，将手插在口袋里，不仅很难令对方接受，而且容易让人产生不好的印象，尤其是在多数听众面前，这种姿态会使周围的人觉得这位发言者只沉迷于自己的世界之中，而将他人看作较自己低下，且表现欲望非常强，使人感觉到别人不可超越他。不管他有没有这种傲慢的想法，但这种态度，很容易让人误以为他就是这样一种人。

还有的人面对着许多人说话时，在有意无意间，常常会指手画脚，通过各种动作可以了解他们的心理。比如，将两手轻握摆在身后，上半身挺直的姿势是一种表示权威的身体动作。军官大部分是这种姿势。若将两手张开，表示诚意地接受对方。也有人用手托着下巴，身体倾向对方，另外一只手叉腰，这是一种“随你怎么办”的表示。个性直率或是表示比较亲近的时候，有的人会一面谈话一面解开上衣的第一个扣子。用食指压住口，发出“嘘”的一声，乃是表示“请安静”或是“闭上嘴巴”的意思。将手指向某一方向，并暂且停止，是表示这个人所意图的东西。主持人通常在介绍来宾出场时，或者是说明出入口在哪儿时，都以手作辅助指引。希望全场安静时，将两手伸直放在胸前，由上往下作按压状，想要强调时，动作要大一点、快一点。

人的动作与神态密切相关。自己用力抓住左右两个手腕，或是两臂交叉在胸前，或是握着拳头，都是一种防御别人侵犯的姿势。像罗丹雕塑的“沉思者”一般，眼睛好像凝视着某一点，正在熟思一件事情，也是正在作一种评价的表示。如果这个动作把上身再向前倾，这就是一种批判的动作。还有斜着脖子，捂着下巴的评价动作。有的人上身后仰，双手撑开，抱住头部，他心里自以为比你强得多。另有一种是等待时的姿势，比如排队站着轮到自己时，双手叉腰，一脚移前半步的姿势，如果拉起裤管，这是典型的准备行动的架势。坐在椅子上时，在大腿的中央放置一只手，另一只手抓住膝盖，而重心向前，是准备表现的姿势，或者是坐在椅子的前端，这是积极的表示。站立发言时，将两臂张开，并且用力压住桌子，而头部略伸出去，就是一种“我有话要说”的意思，或者可以视为一种强烈的意志表示，如“谅你也不敢反对”、“你要听我说”的姿势。摇头或者用手在前面左右挥动，这是一种“不同意”、“拒绝”和“反对”的表示。

有的人在谈话时，将手遮住口部瞪大眼睛表示惊讶。紧锁双眉表示疑虑或关切，或是欲言又止。听到别人叙述悲伤的事情而表示同情的时候，或是自己感到羞愧时，都有这种动作。在与别人交谈时，手指不住地敲打桌面，或是双腿不住地抖动，要么表示心情紧张，要么表示无所谓，或正急速思考你所提出的问题。

应当牢记，从别人身体各部分动作的表现，可以洞察其内在的心理情感。了解别人的内在心理，在交往中能够掌握交往的主动权。

人面桃花相映红

表情通常与“脸”、“面”这些字眼相联系。比如说“很荣幸看到你本人”、“会面”、“面试”、“这完全是看你的面子”、“丢脸”、“脸上无光”等说法。如果有人发生什么问题，或是提到某个人时，首先映入我们脑海里的就是那个人的面孔。面孔能反映一个人的内心世界。一个人经过岁月风霜的磨炼，表现最明显处就在面部。世界上的事情五花八门，无奇不有，人的面孔也是各式各样，各有特征的。虽然有这么多不同的长相，但是大致上可以分为几种类型。东方人的面孔，依照人相学可以分为贵相、福相、贫相、财相……八至十种类型。对此，人相学有许多研究，引人注目。人的脸型通常分为瘦长型、筋骨型（方型）、圆型（丰满型）三大类。观察对方的脸型，在与人相处和交往中，具有一定的价值。

1. 瘦长型

凡脸型较窄而长以及下巴很尖的逆三角脸、长椭圆型的脸，都属于这个范畴。瘦长型脸的人，被认为是头脑清楚，具有敏锐的分析力。而表现敏锐反应最突出的，是倒三角型脸的人，其颧骨无肉且凸出，给人以冷酷威严阴森的感觉。这种脸型的人，若当经理、企划、内勤、专业研究，一般会有超人一筹的成绩。但是如果误入歧途，就会被人说是奸诈、狡猾的人。这种人在工作场所中，如果无法适应周围的环境，就会被孤立起来，成为皮笑肉不笑，不批评别人，不出一出别人的洋相心里就不舒坦的一种人。长椭圆型脸的人有不少人有时缺乏斗志和干劲，易沉湎于小家庭的氛围中，往往身体不够健康，在恋爱和情场角逐中经常扮演失败的角色。

2. 筋骨型（方型）

这是男性特有的脸型，有长方和短方之区别。长方型脸的人一般能审时度势，处事沉稳，外圆内方。其言语单调，喜怒不形于色，对任何事情表面上都是一副漠然的态度，不作出情绪上的反应。命运之神时常偏爱这类脸型的人，但具有此脸型的人常常也易遭人妒忌。短方型脸的人，斗志强而有男性之魅力。带有神经质，反应迟钝，遇到困难时，有忍耐到最后一分钟的持久耐力。

有的反应过激，斗志会有倾向破坏力的表现，对于是非能够清楚地分辨，善恶分明，而且心直口快，对知心者能够肝胆相照，倾其所有。但往往会过分以自我为中心，不断向别人述说自己的生活琐事，喜欢夸耀自己的往事和生活经历。

3. 圆型（丰满型）

这种脸型的人一般是具有知识的人，个性比较温柔，做事消极，情感丰富。动作幽默，知道如何博取别人的好感。对于冒险的事情不会感到有很大的兴趣，不喜欢与别人争执，提倡和平主义者多，行动上属于缓慢型，爱管闲事，工作专一，与任何人都能够和睦相处，在人际交往中具有较好的交际能力，对于生活上的一般欲望也非常强，但是在争取地位上没有什么积极的态度和行动。

有些人在第一次见面时，通常会有一种不安的感觉，存有戒心，而真挚友善的微笑，可以消除这种初次见面的心理状态。微笑是好感的象征，是人际关系的润滑剂，一个人脸上时常浮现微笑，会令人感到十分舒服。生活中许多人对于不带微笑的寒暄，极易产生反感，也不会产生愉快的心情。但假如我们有求于别人，遭到别人微笑地拒绝，我们也不至于太过分地生气。同样是拒绝，如果对方虽然礼貌，却无半点笑容，我们就会觉得受到冷淡，不愉快的心情也就油然而生。

在家庭生活中，只要夫妇之中一人不忘微笑，用笑来表示自己对对方的好感，就能造成一个温暖幸福的家庭氛围。时常看见故意皱着眉头，若有所思的人，他们也许认为这是一种威严，其实这是毫无用处的。真正的威严是别人对你的崇敬与信赖，而非冷漠无情所能获得的。失去微笑的家庭，就如同身在南极冰山，一定是毫无人情温暖的家庭。

当然，有必要指出，微笑和阿谀奉承或谄媚是有着本质区别的。阿谀或谄媚是艺人在舞台上装出来以讨好别人的，或是老奸巨猾的商人，或是心灵猥琐的人装出来的自卑笑容（这种人一旦他的目的达到，阿谀谄媚就会变成狰狞的冷笑，所以一定要百倍地提防）。

微笑是可以经过努力来培养的。一个人不能从心底里笑出来时，只要稍加努力，就会有微笑的表情，久而久之，就能很自然地露出笑靥。心理学家泰斗威康·詹姆斯说过："乍一想，行为似乎是随着感情而发，其实行为和感情同时产生。而我们可以透过行为间接地调节感情。行为可由我们的意志去直接控制，但是感情却不然。所以当我们失去了快乐的心情时，恢复快乐的最好办法是假装快乐，快乐地微笑、快乐地谈话、快乐地工作，然后快乐和微笑就会在不知不觉中又回到了你的身边。反过来说，一个人如果因为忧郁而垂下头来，他的忧郁必定因此而更深。举起拳头来，愤怒就更加深一层，变成真正的愤怒，将举起的拳头慢慢放下来，轻轻摸一摸对方的头，相信你的愤怒会顷刻化为乌有。"

哲学家康德曾经提到表情对精神的影响时说："外表的快活和开朗，会逐渐改变心灵的面貌，使那人的心情活跃，也较富社交性。"他尤其对已有儿女的父母们强调：必须从孩子幼年时起，就使他们养成微笑的习惯。凡是经常面带微笑的人，他们往往能不说一句话就将别人吸引，使人感到愉快。人的行为比言语更能切实地表露出一个人的真心，微笑这种行为，胜过任何雄辩的言语，当你微笑时，你似乎在说："我很喜欢你，请不要拘束，有什么就说什么。"充满关怀的微笑，宛如一句温馨的话语，使人感激；充满善意的微笑，宛如一杯甘醇的美酒，使人酣畅。能够直接将好感、善意及诚实表现出来的，只有你的微笑。要记住微笑的魔力，用微笑来打开对方封闭的心扉，使彼此间充满快乐，结下友情。

还要指出，在观察神态中，还要注意观察手的动作。有人说:“人之所以为人，在于其手的优越性。人类的肢体中，最重要的是手。”手的使用方式，以及手的活动方式，与其他动物是不同的，下面有很多话是形容手的，“手不释卷”“手脚并用”“手腕高强”“妙手回春”“手舞足蹈”“手忙脚乱”等等。许多人与别人交往、谈话时，一般注意面部表情的人很多，但是很少有人关心到手部的“表情”。其实不要忽略了手，它同样是交际场合里的重要“角色”。

研究发现，女性经常会将两手张开，轻轻地按住胸口，这是一种自我防护的表现，同时也是一种感到安慰的表示。有人玩弄钢笔时是表示无聊，也有人在无聊时会敲打桌子，或是欣赏自己的手，这些动作让别人看了，心里会很不舒服。在讲话时，有人双手握住放在胸前，这是表现出谦虚；也有人喜欢玩弄手指的关节，使其发出声音；有些女同志上台时，提起裙角；有的人是一直习惯地擦鼻子，如果一不摸鼻子，就会说不出话来；男同志也有紧握着手，或是敲打着桌子，将手插在口袋中的演讲者。有这些手的动作的人都是表现欲很强的人，而且傲慢自大者居多。在谈话时，用手遮捂着嘴表示羞愧，或是惊讶、害怕、怀疑，是缺乏自信心的充分显现。

在社交中，每个人都可能有这些无意之中产生的小动作，或者不知不觉地养成了这些习惯。了解这些细节，可以透视人的心理变化，因此交际中不可不注意。关于“手”的一些微行为，还将在后面的内容里详述。

也有草木为兵时

有人把交际对象大致分为下列5种类型：

（1）能说善道型。

（2）三缄其口型。

（3）反驳型。

（4）毫不关心型。

（5）过激型。

能说善道型的人，话匣子一打开，他就能够注意到，对方所说的话，有哪些是和自己意见相同的。三缄其口型的人，一旦与他有商业往来，你最好事先准备好样品，让他从中选择自己中意的商品。对付反驳型的人，你要尽量找出与对方的相同点，使其与己妥协。至于毫不关心型的人，应恳切说明自己的想法，以征求其同意。对于过激型的人，先要深入了解对方偏激之理由，再据理反驳。

人在社会中是流动的，不可能永远待在一个单位。一个人新到一个单位，怎样尽快地树立起自己的形象，搞好与同事的关系？怎样尽快打开局面？需要正确认识人际关系，不要养成轻信的毛病。

许多人换了地方因为不掌握新单位情况，遇事缺少发言权，处事办法少；没有相互了解亲如手足的朋友，遇事帮手少；但也要看到，因为没有结下“疙瘩”的冤家，办事一般不会有绊脚石的。

只要你不偏不倚，关系一般不难处理。俗话说：“一百个朋友不厌多，一个冤家也嫌多。”新到一个单位，正是我们总结往日经验教训、避免结下“对头”、建立普遍良好的人际关系的好时机。

一个人到了新单位，免不了在欢迎会上要讲讲话，对自己的工作要表表态，向领导和同事谈谈自己做好工作的决心。说和做要统一起来，说了就要做，做不到的绝对不说。表态和真干相比，重在真干。

有人总结出“五讲五不讲”“五做五不做”：

（1）多讲实在话，不讲空话、大话、套话、长话；

（2）多讲实现目标、做好工作的具体话，不讲许诺的话；

（3）多讲利于团结、富于建设性的话，不讲伤害感情、影响上下级关系和横向协调的话；

（4）多讲进取开拓的话，不讲泄气和牢骚的话；

（5）多讲拜师求教、甘当小学生的话，不讲炫耀自己的话；

（6）多做自己该做的事，不做该由别人做的事；

（7）多做经过努力可以做到的事，不做脱离实际无法实现的事；

（8）多做有利于全局与长远目标的事，不做有损于全局与整体的事；

（9）多做上级和同事迫切希望做的事，不做他们反对或勉强的事；

（10）多做有助于激发大家积极性的事，不做有碍于发挥人们积极性的事。

总之，洞察一个人要把他讲和做的有机地统一起来，不能光说不做，也不能光做不说。应根据客观需要有的多说、有的少说、有的可以不说，切忌坐而论道，说了不做。

许多伟人，常用许多很巧妙的方法，去考察别人的性情和能力。据说，历史上墨西哥的著名总统奥柏雷岗，凭借风中的一根稻草，就能很正确地去考察一个人，结果，他凭着机智战胜了加伦沙，保全了自己的性命。有人问他有什么诀窍？他回答说："我对他了解得太少了，不便作什么判断，可是我不妨就他的才能说出我的印象来。他在小事上表现出是个伟大人物，在大事上表现出是个渺小人物。几棵树会使他看不出整个的树林。他总想自己讨便宜，武断一切。"

许多有能力的人，常怀着一种隐秘的技术，以此来品评他人的性情。人们通常以为这种技术玄妙，其实并不然，这些领袖们只不过对于别人常忽略的细微之处，非常细心地注意罢了。他们所依靠的，便是人们性情里表现出来的真实流露："这人过去做的是什么？正在做的是什么？将要做的是什么？"总之，他们常把人们在一定环境之下的行为观察出来，他们用心之苦，用力之勤是我辈所不及的。

当我们观察任何一个人，他全神贯注的是什么？忽略的是什么？他喜怒忧愁的是什么？他震怒的是什么？他骄纵或发脾气的又是什么？倘使我们都能观察出来，那么我们就可以把握住这人的本来面目了。

曾经有一个人，每当恼怒动气的时候，总是张口打哈欠，或是假装打哈欠，别人看见他打哈欠，便大笑或微笑起来，知道他在恼怒动气了。又有一个人每遇烦闷的事情，便把手放在衣袋里，人们从他这一举动便知道他遇到心烦不快的事情，于是不去和他多讲话了。许多人把天性的情感潜藏不露，可是有时候他们还不知道，已经被人家把那最显著的特点抓住了。

有人认为，一个人在不经意时的所作所为，便是他平素为人的可靠的表现。

有些人费尽心思去研究别人的性情，人家还没察觉自己被他们注意，他们研究时十分仔细，尽力避免错误，以获得最后的准确判断。

通常，人们看重第一印象，但第一印象也是不可靠的。

因为无论对任何人，第一印象只是他的外观，而其心理什么样子却不得而知。林肯的轶事中有这样一段："有一次，美国某城市发生了一件大案。有一位瘦削而粗鲁的小城镇律师为了这件案子特地赶来了。当时，许多著名律师都比他先到，那些著名律师看见他那瘦削而粗鲁的样子都冷冰冰地看不起他，也不和他谈话。经过许久，旁人介绍以后，许多著名律师便对他肃然起敬了。"

所以，我们应当注意，我们获得的任何人的第一印象常常是靠不住的，我们常会被第一印象所欺骗。

在一切不可靠的印象里，最易使人误入歧途的便是那固定的面部形态。如一个人的下颚或鼻子的形式、两眼中间的距离、耳朵的位置等等。原来认为这类形态可以表现一个人的性情，这实际上是迷信的，现代科学已经完全证实了这一点。

成功者从来不相信这些迷信的说法。下颚无力的人未必是性情软弱；两眼靠近的人，未必是一个贱丈夫。

一个人的脸色不同，可以表现出不同的情感，这话固然不错。但我们在事前凭这些去判断人的特性，很难正确无误，那只能作为判断条件中的一部分。有个学者讲过，当某人考察对面人的眼睛时，如果他能不眨眼地凝视对方，那他一定是一个意志坚强的人；如果他的目光飘忽不定，那他一定是一个软弱善良的人。

“一个经常面带微笑的人，人们大都认为这人的性格是开朗的。”

“一个下颚外伸的人，似对人有切齿之恨，若干年来成为习惯，人们便大都认为他是个性情恶劣，好与人争论的人。”

“这些都是人们的真实的特点。所以，习惯而成自然的面部肌肉表情，是一个人的性情和品格的直接表现。”

“通常所说的一个人的卑鄙会自然地流露于色，或说‘把这人端详一下，就可看出他是个和善诚实的人。’这类话通常是很正确的。”

这类表现，是指人们做的事，或已做成的事而表现的形迹。从一个人的表情上，是很难得到信息的。

有些人认为，睁着一双百知百解的眼睛，善于迅速地判断人物，并且常以此自矜。可是，真正的领袖便不然，他们都异常小心谨慎，从不轻信。

像这样不急于对人加以评论的态度是很正确的。有能力的人对人的评论，所需要的是确凿的证据，借此把一个人真实的性情和能力评论出来。

有的人对于任何人都是这样，或是完全依赖，或是一点不信任。如果某人不能完全令人信任时，他就要立即把那人撤职，换上一个他所信赖的人。

有一个故事说，一位很有能力的工程师，为了升级而受到测验。有一次，他正在工作，忽然主任来吩咐他去解决某一问题，实际上那个问题已由别的职员解决了。结果这位工程师把问题解决得很圆满，于是又接受了进一步的考验，逐步升到主管人的地位。有人惯用一种不寻常的测验方法，去获得对一个人有价值的认识。

有人说：“考察一个人最好的机会，便是在他面前详细问他的经历。你要在这人不加提防时提问。凡是心地坦白的人，一定会毫不犹豫地回答你，曾在某处某处工作；如果这人踌躇，面现窘色，那就可以怀疑其有什么难言之隐，否则，这人为什么不果断的说话呢？对于这种人我们常可发现，他们至少是在某处有过一些小过失，他们觉得如果被我们知道了，会对他产生不良影响，所以他踌躇而窘迫。”有能力的人，常留心于这些方面。上述的这些试验，不过是别人获得你表现的一种方法罢了。

综前所述，要掌握我们周围人的性格特点，并非难事。只要我们把已知的有关这些人的情况加以分析并认真观察他（她）的微表情，并在适当的机会倾听他们的述说或向他们提出问题就可做到这点。然而，说句老实话，究竟有多少人肯下功夫去了解他们呢？我们是否谨慎地、仔细地对每个人分别用不同的方法去应付呢？我们是否考虑他们与众不同的特点呢？比如他们的特性、能力、特殊需要和兴趣，要设法从他们的天性和见解中找到应付他们的方法。凡能表露个人性情和能力的地方，务必小心注意；琐碎事件如有代表性，也要加以留心；而潜伏在特殊行为后面的特性，纵然看上去很微不足道，也要努力去了解，尤其要认真分析的是你所知道的有关这人的实际情况，因为事实是最可靠的根据。

洞察别人要记住，一个人最真实的表现就是他不加任何提防时的所作所为，务必留心他们的动作和他们脸上不断变化的微表情，这是掌握人的特性的最好方法。当然，对人进行测验，要在不知不觉中观察研究。要注意所得到的第一印象未必真实可靠，因为这些印象多不完整，同时，大多数的人多少总有点把真实面目遮掩起来。而且一个人的面部形态，也有靠不住的表现。

看破人生众生相

汽车制造厂开发出任何一种新的设备，都必须要经过严谨周密的测试，只有这些测试通通过关后才可以正式引进或制造。有些人看到这些测试程序动用无数精密的仪器或设备时，往往认为只要通过这些测试，一切都没问题了。可是，他们却忽略了一项最重要的因素——人的因素。

许多年前，福特汽车公司为了改进行车中的安全，特别研制了一种叫作“真空自动门锁”的设备，装了这种设备的车子，只要在行车时速到达每小时九英里时，它就会自动把车门关死，别人无法在外面打开，只有从车里面才可以开门。而这项突破也通过了种种的复杂测试，福特公司于是自信满满的推出了这种车子，以为它可以一炮而红。可是，就在这型车子推出后不久，就接到客户接踵而来的抱怨。

原来他们都抱怨，这型汽车在自动洗车时会碰到不少的麻烦，到底这麻烦是什么呢？因为美国当时的洗车业早已改为自动化作业了，驾驶员只要把车子开到自动洗车的输送带上，然后下车，就可以启动开关自动洗车，不消一会儿，你的爱车就一尘不染的出现在你面前。当你结完账后，就可以开着它上路了。可是这型车的车主却抱怨当车子开始自动洗车时，输送带就会带动车子前进，等到时速一超过每小时九英里以上时，车门马上自动锁死了，害得车主必须唤来开锁匠，才可以开动车子，没有多久，福特公司就赶紧叫停了，这型车子从此被打入冷宫。

我们在面对人生时亦是如此。人是一个十分复杂难懂的有机体，不是单凭一些复杂的测试仪器就可“侦测”得出，这时，唯有靠我们去理解人这种动物后才能掌握住他的一言一行。所以人类虽然历经千万年的演化与变迁，但有哪一个人敢拍胸脯保证他了解人类一切的行为。

一般人一提到人际关系或沟通协调时，马上就联想到说话，并且认为说话是最有效的沟通工具，并可由对方的言语中知道他的真正意图。可是，真的如此吗？如果每个人都是诚实的“华盛顿”的话，那还说得过去，但是，如果真是如此的话，那也不需要读这本书了，人的行为也就不会这么复杂难懂了。

在美国，专家们在历经无数次有关“沟通”的研讨会后，大家一致认为“非语言的沟通”在其中扮演了相当重要的角色，而且其复杂的程度较语言有过之而无不及。因此，单凭一些屈指可数的研究并不能真正的理解“人”这种动物，必须要经过大量的资料搜集与研究分析后，才能寻找出一些蛛丝马迹来，这样也才能有系统的对人类行为做完整的研究，而这时录影带的出现便为这种研究解决了不少的难题。

美国曾经在东部州研究协会的行为科学家主持下，由观众们自愿扮演许多不同的角色，透过摄像机的帮助，这些科学家成功的捕捉到代表各种不同意义的姿势、表情与态度，然后再加以分析与研究，因此，这些志愿者提供了宝贵的研究素材。

到了最后，由于这些志愿者反应热烈，他们由原来的角色扮演者一跃而成为研究分析人员了。起初那些科学家认为这些志愿者只能区分何种行为有意义以及何种行为无意义，但令科学家没想到的是，这些志愿者后来都变成这方面的专家了，而且还能找出每一个行为后面到底隐藏着什么意义。

听其言然后观其行

人们的各种情绪与思想可以引发许多种姿势或表情，如果单从某种姿势或表情来推断的话往往摸不着边际。所以，只有把许多种姿势或表情混合起来研判，对方的情绪或感情的变化就可以呼之欲出了，而这时才会出现一个较为完整的“影像”供你分析与研判。

每一个姿势与表情都像一句话中的一个字一样，我们为了知道整个话中的含意，必须要把这些“字”一个个的组织成一个完整的“句子”才可以，这样才能表达出较为完整的思想。因此，这也不难解释为什么许多人往往会误解别人“话中的含意”，换言之，他们无法熟练地将对方所传达的这些讯息组合成一个完整的框架，所以双方的误会就会因此产生。

当参加那些研讨会的志愿者在刚开始时，都有意无意的仅根据一两个片断的姿势就立刻妄下结论，结果往往误解了对方真正的意思。因此，只有将对方一连串的姿势与表情连带的加以考量才可以。一般来说，一个人的姿势与表情应和谐且有条理的一个个展现出来，其先后都是有相关性的，但如果一个静态的姿势持续几秒钟的话，这就是一个很重要的行为语言了——这表示对方处于一种不协调或前后不一致的心理状态。

就拿我们所谓的“神经质的大笑”来说吧，这就是个典型的例子，由它的声音来判断似乎对方正处于高兴的状态，但是，其表情或姿势却在说明对方正处于一种极不舒适的状态，不仅手及脚神经质的摆动着，就连整个的身体都往某个方向移动，好像想要逃避眼前这个令人不快的场合似的，从这些细节来看，它说明了一种所谓不调和的心理状态。不但这些人的姿势不和谐，他们的笑声到了最后也似乎变成连他们自己都觉得莫明其妙的行为了。

撇开这些不一致的情形不谈，我们可以由一个人前后调和且又一致性的姿势与表情即可判断对方的真正意图。就拿一个既紧张又殷切向您推销产品的推销员来说吧，只要你细心体会，不难观察出这些前后一致的姿势与表情——他的产品应该会放在他座椅的边缘上，两腿分得很开，脚趾踮地，就像个短跑选手预备起跑一样。此外，他的手不安的放在桌上，身子也略向前倾，而且连他的面部表情也是很一致的——双眼处于高度戒备的状态，嘴角轻抿着一丝笑意，还有双眉自始至终都没有皱一下。

了解这些前后一致的姿势有助于发现对方的态度与其行为的真正意图，而且，这也迫使我们观察得更深入一些，以免过早下结论。一般来说，如果没有受过这种“非语言沟通”的训练的话，往往就仅凭这些姿势的表面意义而下判断，毫不考虑其前后的相关性。根据无数次的经验得知，这种草率的态度会给他们带来无法弥补的伤痛与损失。

在当时的研讨会上，来自英国的研究人员 D. A. Humphries 博士提出了一个问题：到底一个人的话的可信度高，还是非语言的表情或姿势的可信度高？他提出这个问题是有原因的，因为在许多研究中都发现一个事实，那就是一个人所讲的话与其所表现的动作与姿势往往很不协调，甚至代表着截然不同的相反意义。针对这个问题，这些专家们做了无数次的研究与评估，结果发现后者的可信度还较前者高。所以，弄懂了这些“非语言的沟通”不仅有助于分析各种姿势行为的真正含意，同时还可以判断一个人讲话的真伪，这对双方沟通的影响极为重大。所以我们才说：听其言然后观其行。

一个政客与政治家的分野就在此了，他们是成功还是失败，只需看他们是否言行一致。尤其是在电视媒体和新媒体盛行的今日，有些政客的嘴脸就在荧光屏下暴露无遗。所以，时至今日，有许多有头有脸的大人物在台上大声疾呼“我们要端正自己的行为，不要为美色所惑”的同时，眼光仍色迷迷的猛瞧台下漂亮动人的“女听众”，而且还不时贪婪地咽着口水。

吹尽狂沙始见金

一般来说，我们会根据本身的理解程度做出不同程度的沟通时，有时候会有效果，但有时候却没有效果。这并不是说双方所说的话对方听不懂或任何一方没有逻辑概念，而是说双方沟通失败的最大原因是有一方（甚至双方）无法掌握对方“非语言沟通”的真正含意。如果一个做丈夫的突然关上了前门，同时又背对着太太不说一句话，那一定是有什么重大事情要发生的前奏。记住，你每天都会面对不同的人，例如有的人和你同桌开会，有的人和你在同一个宴会中共餐，还有的在卡拉 OK 店内，在公共汽车上，在马路上等等，你们的感情联系、态度与习惯等都有可能对你产生极为深远的影响，因而这也说明了如果你懂得对方的微表情的话，那么对你就有很大的帮助了。一旦你的人际关系处理不好的话，其他的也甭谈了。

观察及认识这些姿势或表情十分容易，相信人人都会，但是，想要了解它们、渗透它们就不是这么一回事了。比如说根据一些专家们的讲法，当一个人讲话时掩住嘴巴的话，那他是在说谎？还是对他的话不肯定？或者是对他的话感到怀疑？这几种情况其实都有可能。但我建议你在下结论前，如果有可能的话最好先回忆一下他先前是否也有这种态度，以及当时的状况如何？如果先前都没有这种前兆的话，那他一定是突发行为，这或许是他这些天嘴巴不舒服，也可能是有人跟他说他有口臭。

确定他有这种行为后，就可以进入第二个阶段——分析，在他说完话以后不妨再问他一句：“你确定吗？”像这种最直截了当的问句答案只有“是”或“不是”两种，由他的回答中你可以掌握住对方真正的动机。虽然出于人类自卫的本能，他的话未必百分之百正确，但你仍可以由他的姿势、态度或表情中窥其端倪。根据许多在法律界打滚一辈子的研究人员都说这种行为（讲话时以手捂住嘴巴）是表示说话的人在说谎、对他的话存有疑惑、不确定或是想隐瞒什么事实。

在那些研讨会上，有一个志愿者在他的报告上写出如下的叙述：

“在我开完研讨会后，立刻搭车回家，我的身旁坐着一位妇人，她跟我说她有一点神经质，而且正在接受药物治疗。而我却认为她说话既含糊笼统又语无伦次，因此立刻就下结论说她是个‘疯婆子’。虽然我还在礼貌的倾听她说话，但是我的双臂却在不知不觉中交叠在胸前。另一方面我也觉得她根本不知道自己在说些什么，她的话除了突兀之外没有任何意义。

“突然之间，我脑海中出现了另一种意识：既然你学过微表情，何不改用另外一种‘防卫性’的方式呢？于是我马上放下横抱在胸前的双臂并开始仔细地倾听她的谈话，自始至终都不加任何形式的判断与批评。果然过了不多久，我就可以感到自己已能逐渐听懂她的话了。从这时开始，我的若干‘自卫本能’消失了，虽然她的话我未必完全赞同，但最起码我已经真正的了解她所说的话了。”

这种双臂交叠于胸前的姿势在我们一般日常生活中十分平常，当我们在和别人沟通时，如果你发现对方正在采取这种姿势时，十之八九他是根本没有在听你说话，而且十分坚持他的立场，不肯轻易的和别人妥协。

在完整的沟通过程中，“回应”（即回馈）扮演了一个相当重要的角色，而姿势与表情就是一种很重要的“回应”方式，它可以随时为你指出对方真正的意图是什么，也可以使沟通更有效果。除了可以确定我们所说的话是否起正面的作用外，也可以确定对方的态度到底是开放还是过度的防卫？是感觉你的话沉闷无聊，还是兴味盎然？因此，这些非语言的回馈方式可以给你一个警告：必须改变你的沟通方式，或是收回你刚才说出的话，或是继续你目前的沟通方式以获得你所期望的结果。如果你不了解这些对方的“回应”方式的话，那你一定也会无视于这些警告，这时，你沟通的结果一定会大打折扣。

这次研讨会结束后不久，一个志愿者写给专家们一封信函，内容提到了他在不久前所经历过的一件事：原来，这个志愿者是个律师事务所的老板，以前从来没有注意到这些“非语言沟通”的重要性，因此，损失了不少的客户，但现在已经不同了，特别是在写这封信的前一天，他正在会晤一名新的客户，双方聊了没多久，对方就立刻摆出一副“防卫性”的态势——把双臂交叠在胸前，这位志愿者看到这种情形后立刻转移话题，不多久，他的客户果然眉开眼笑，双方的生意也谈成了。他说要不是参加了这些研讨会的话，他还没有机会去了解对方真正在想些什么，更别说能谈成生意了。

许多参加研讨会的志愿者在最初都有一个共同的疑惑，那就是只参加过这么短暂的研讨会，是不是真的从此就能掌握住对方一言一行的真正含意？许多人刚开始和别人的“试验”结果也往往令他们泄气。其实，没有一种学问能够速成的，你只要每天花个二三十分钟仔细观察你周围每个人的状况，那我敢说不久之后你一定会很有收获，而且，对方的言行举止均难逃你的“法眼”，因为，对方的真正意图早已“写”在他的脸上了，也早已“刻画”在他的一言一行中了。因此，这门学问不是靠关在屋子里就能学到的。

第二章 破解面部表情的心理密码

人类的面部表情十分丰富，根据专家评估，大约有25万种。人类的面部是最富表现力的部位，它能表达复杂的多种信息，如愉快、冷漠、惊奇、诱惑、恐惧、愤怒、悲伤、厌恶、轻蔑、迷惑不解、刚毅果断等。而面部表情也能传播比其他媒介更准确的情感信息。因此，面部表情能够清晰、直接地表达人们的内心想法。

所以，我们如果要想获悉一个人的心理活动，首先就要认真而仔细地观察他的面部表情。

视线传递出的信息

目光传达的一些信息能透露人们解决问题的方法和关注细节的持久度，以及是否能够做到“实话实说”等。

琳·克拉森是美国社会心理学家，被人们称为“读脸专家”，她考察了性格和面部神情的关系，并进行了大量相关的实验，结果发现，人们很难隐藏或改变面部的细微变化，而这些变化最能透露我们的所思所想。克拉森表示，眼睛最能表露一个人的心理，眼睛睁大表示更愿意与人交谈，而眼睛深陷，眼神喜欢盯住一处的人则更加保守。“面部的一些细微动作和表情，能够很好地显示出对方的所思所想，所以下次与人打交道时，别忘了注意他的眼睛！”克拉森如是说。

我们先来了解眼睛的生理结构。眼睛是人类最重要的感觉器官，据估计人体对外部世界的信息获取至少有 80％是通过眼睛来实现的，眼睛的意义十分重要。尽管我们在日常生活中说了很多，也听了很多，然而我们在本质上仍然是视觉动物，在这个问题上我们与我们的近亲——猿类和猴子们，并没有太大的分别。所有灵长类动物都是以视觉为主的动物，它们的两只眼睛都在头部的正前方，以便更好地通过视觉感知外部世界。人眼直径大约仅为 2～5 厘米，但与之相比，世界上最为先进的电视摄像机简直就是来自石器时代的破烂玩意儿。位于眼睛后方的感光视网膜包含着 137000000 个细胞，这些感光单元把外界的信息传递给大脑，告诉后者在我们的眼前究竟有些什么。

《孟子》中记载:“存乎人者,莫良于眸子。眸子不能掩其恶。胸中正，则眸子瞭焉；胸中不正，则眸子眊焉。听其言也，观其眸子，人焉廋哉？”意思就是说：观察人的方法，没有比观察人的眼睛更好了，眼睛不能掩盖人们内心的丑恶。一个人心中正直，眼睛就显得清明；心中不正直，眼睛看上去就不免昏花。听一个人讲话，观察他的眼睛，这个人内心的好坏又怎么可以隐藏得了呢？

通过这段话，我们可以获知一个人的内心动向必然会反映在他的眼睛里。心之所想，不用言语，从眼神中就会找到答案，这是每个人无法隐瞒的事实。睡眼惺忪的人，眼睛表现模糊不清；而眼睛雪亮、目光炯炯的人，自然显得聪明伶俐。如果眼睛真的在笑，心也会随之轻松。满脸佯装微笑的证人，注意他的眼睛，会发现那是一双不安的眼睛，根本没有笑的神志。

通过有无视线接触可以判断出他对你有无好感或兴趣。不相识的人，彼此视线偶尔相交，便会立刻撇开。如果一个素昧平生的人一直盯着自己，我们必定会感到不安，甚至觉得害怕。这是由于每个人被看久了，会觉得被看穿内心或被侵犯隐私权的原因。相识者彼此视线相交之际，即表示他们有意沟通心灵。但是，这种情况如果发生在女性之间，则可能有别的意思。心理学家的研究结果表明：当女性愿意把自己所想传达给对方时，多半会发生凝视对方的行为。日常生活中，对方若久久凝视你而不移开视线的话，很可能有什么心事要向你诉说。

视线交流中还可以判断双方的强弱。心理学家曾经做过一个实验，研究人们在谈话中，何时把视线移向对方。其结果表明，在谈话刚开始和即将结束之际，其比例有着显著的增加。首次见面时，先移开视线者，其性格较为主动。谈话中有意处于优势地位的人，也会先把眼光移开。一个人在谈话中是否能占上风，在最初的 30 秒内就能决定。当视线接触时，先移开目光的人，就是胜利者。

希区柯克是世界著名的导演。因为他创作了很多经典的悬疑惊悚电影，所以被称为“悬念大师”。希区柯克曾经在片场说过这样的话：“对话要尽量简洁，那不过是从演员嘴里发出的声音，演员的眼神才是整段对话的灵魂。”

如同拍电影的镜头有全景、中景、近景和特写一样，人们在不同的社交场合或者面对不同关系的对象时，视线范围都会有所不同。

按照约定俗成的规则，视线落在对方眼睛水平线下，焦点集中在对方双眼与嘴巴所构成的三角区域，是标准的社交礼仪。这个视线范围适合于普通的社交场合，既不会使对方有疏远感，又不会给对方造成压力，有利于形成一种轻松友好的交谈气氛。

电影当中出现特写镜头时，往往给观众以强烈的印象。就像具有强烈视觉感受的特写镜头一样，当一个人把目光投射到对方前额的三角区域时，会使气氛变得紧张。因为这样的注视往往带有一种高人一等的意味，因此对人具有震慑作用，警察审讯犯人就是使用这种方法。这样的场面多出现在上下级之间，而且是上级对下级才能使用的方式。

最有意思的当属恋爱中的目光。当两个人初次见面时，视线范围是从脸部到胯部；当关系确定后，视线范围将达到腹部以上；随着关系的发展，双方凝视的焦点上移到胸部以上；而热恋中的情侣，就成了眼睛与眼睛的对视。如果一对男女刚刚相识就盯着对方的眼睛，除非两个人是一见钟情，否则一定会不欢而散。

除了视线范围，视线的角度和方向也可以传达一些有趣的信息。眼睛的注视方向或视线能反映出人的心情和意向。例如，在社交场合，地位不同的人，其注视方向就有明显不同，小人物总是倾向于注视大人物，而大人物则习惯于忽视小人物。比如一个和善顺从的小人物走进会场，他的眼光会先扫视全场，然后盯住那些大人物瞧。每当谈笑、争议或表示个人意见时，小人物的视线总会瞟向大人物，以观察其反应；而大人物在谈话时则明显自顾自，只注视自己感兴趣的对象。不过在质问时，大人物会直视对方，而小人物则往往不敢正视，回答时视线不住地往下低垂或望向别处。

在通常情况下，眼睛的注视方向及其停留时间所流露的信息主要有：眼对眼的长久凝视只发生于强烈的爱或恨之时，与人交谈时，视线接触对方脸部的时间通常占全部谈话时间的30%~60%。超过这一平均值时，常可被认为对对方本人比谈话内容更感兴趣；低于此平均值者，则表示对谈话内容和对方本人都不怎么感兴趣。

有科学家在一个大型会议室做了一个这样的实验：他提前到达会议室现场，然后等待与会者到来。每次进入一个与会者，他都会对该人的动作进行记录。最后他发现了一个有趣的现象：绝大多数的男性在进入会议室后，都是先环视一下现场。目光会在已经到达的人身上进行短暂的停留。他们似乎是在向其他人传达一个信息：我已经来了，快给我让道！而绝大多数的女性与会者在进入会议室后，几乎和其他人没有目光的接触，只是迅速环视一圈，她们的目光不是看人，而是在寻找座位。

视线的方向有三种：向下、水平和向上。

向下的视线是长辈对晚辈、地位高者对地位低者。这样的方向会产生一种威严感。当一个人目光向下时，往往是想控制对方，体现出自己的优越感。

水平视线是地位相当者之间使用的。这样的视线会使大家便于沟通，因为没有尊卑之分，会使气氛变得自然。

向上的视线是地位低者常使用的。他们的目光看起来就像小孩子需要父母帮助时那种眼神。

人的目光有很多种，而不同的目光后面往往会隐藏着不同的含义。以下是一些通过眼睛看人的小技巧：

一直盯着对方的女性，心中可能有隐情；

在言谈中，注视对方，表示让对方对自己所谈内容的注意；

初次见面时，先移开视线者，表示自己希望处于优势的地位；

被对方注视时，便立刻移开视线者，大都有自卑感或缺陷；

看异性一眼后，随即故意移开视线者，表示有着强烈的兴趣；

斜眼看对方者，表示对对方非常有兴趣，但又不想让对方识破；

翻眼看人者，表示对对方存有尊敬与信赖；

俯视对方者，想显示对对方的一种威严；

视线不集中又很快移开视线者，大都为性格内向者。

眼珠转动

南宋著名词人李清照曾留下一句“眼波才动被人猜”。的确，想要看穿他人心中的秘密，观察眼睛是第一步。人人都会尝试伪装自己，但是眼睛很难伪装，而眼睛中又属瞳孔最难伪装。因为人的主观意识无法控制瞳孔的大小变化。

虽然瞳孔的变化能够暴露一个人内心的想法，但是毕竟我们不能一直盯着人的眼睛。一个人没有经过专业训练，很难做到在不被对方发现的情况下迅速读取对方的瞳孔信息。因为这种观察方式过于直白和明显，可能让人唯恐避之不及，于是连看穿对方的机会都丧失了。那么如何做到在他人不知不觉的情况下，看穿他的内心秘密呢？答案就是观察对方眼珠转动的方向。

视线转移具有很强的个性化特征，不同的人，经过长期的环境适应和学习，可能养成不同的视线转移习惯。因此，确立被测试人的视线转移基线，才是正确分析的第一步。

哪些是可以利用的信号呢？神经语言程序学认为，眼球向不同的方向转动，代表着不同的意义与心理特征。在具体讨论前，我们先来做一个有趣的测试。

首先要保持目光直视的状态。接下来开始回忆印象里达·芬奇的著名画作《蒙娜丽莎》，包括人物的表情、服饰、背景及整体的色调。20 秒后定格，眼睛的方向不要变化，看看自己的眼睛正向哪个方向看。一定是左上角！你也许会不相信，那接下来继续回忆《蒙娜丽莎》，这次要保持目光转到右下角，怎么样，回忆起来是不是比刚才困难很多？因为这个方向并没有开启大脑的视觉区域，因此无法在脑海中形成画面。

当一个人的眼睛转向左上方时，表明他正在回想陈年往事。与他们打交道，你首先要有耐心。他们是属于喜欢怀旧的类型，虽然不乏朋友，但可以交心的却寥寥无几，因此他们迫切希望得到别人的关怀。如果你打算赢得他们的信赖，就一定要表现出诚意。

当他的眼睛转向左中方时，表明他正在回想一些听到过的事情。

当他的眼睛转向左下方时，表明他正在进行某些理性思考。这类人无论想象力还是思考力都极为出众，很多作家和编剧的眼珠都喜欢向左下方转动。他们酷爱高雅艺术，包括音乐（多数是古典音乐）、绘画、雕塑、建筑、服装等等，向往自由自在的生活。但他们的这种无拘无束的习惯，会给身边的人留下我行我素的印象。其实他们自有打算，只是喜欢按照自己的步调来安排行动。因为他们的这种性格，与他们交往时，切忌给他们施加压力。如果你给他们带来压迫感，很可能会起到相反的效果，弄不好他们会被你的压迫感吓得落荒而逃。

当他的眼睛转向右上方时，表明他正在思考未来。这类人往往喜欢白日做梦，想象力丰富，以理想主义者居多。

当他的眼睛转向右中方时，表明他正在想象某种声音。

当他的眼睛转向右下方时，表明他正在想象某种身体上的感觉。此类人心思缜密，思考力较强。与他们打交道时，你要多加小心。他们在日常生活中喜欢扮演侦探的角色。如果你不小心留下一些细微的线索，他们就会顺着蛛丝马迹发现你的秘密。最要牢记的是不要和他们有金钱上的瓜葛，一旦在金钱上出了问题，你就会永无宁日。

以上理论是经过测试的，具有现实意义。在面试时，面试官可以通过观察应聘者的眼神来判断他是否说谎。例如询问应聘者“你上个月实习时发生了什么印象深刻的事？上司怎么评价你？”若对方不假思索就马上回答，这个答案很有可能是早已准备好的，说谎的可能性大。但若他的眼睛先向上方转动，再向左转动，表示他正在回忆，说真话的可能性大。如果他的眼睛先向右上方转动，表明他有撒谎的企图。

当然，这种理论虽然适用于大部分人，但不能涵盖所有人，凡事都有例外。例如，对方是左撇子，他眼睛转动方向所代表的意义也会相反。

通过这种观察，我们有可能在最短的时间内分析对方当前的情绪。

除此以外，在人与人交往活动中，通过观察对方的视线方向，还能看出此人的心态。在交往中，如果面对异性，只望上一眼，便故意移开视线的人，大都对该异性有着强烈的兴趣。如果在公共场合出现一位年轻貌美的女性，所有人的眼光几乎都会集中在她身上，但年轻的男性往往会很快把脸扭向一旁。他们虽然也非常感兴趣，不过基于强烈的压抑作用而产生自制行为。假使兴趣欲望增大时，也只会用斜视来偷看。这是因为他们既想看清对方，却又不愿暴露自己想法的缘故。

另外，还有学者通过研究发现，对异性瞄上一眼之后再闭上眼睛，是一种“我相信你，不怕你”的体态语。因此，当一个人观看异性时，不是移开视线而是闭上眼后再翻眼望一望，是尊敬与信赖的表现。如果一个女性这样看男性，两者的关系就有了进一步加深的可能。

透过对方眼睛的移动方向还能看出此人的心态。在交往活动中，眼睛位置移动情况不同，其心态也大不相同。例如前面已经讲过，当上级与下级面对面接触时，上级的视线肯定会由高处发出，而且会很自然地直接投射下来。作为下级，即便未做错事，但视线却常常由下而上。这是由于职位高的人，总是希望对下级保持其威严的心理作用。这种不对等的视线除了职位高低外，还和性格有关。一般来说，在交往时，性格内向的人容易移开视线。美国的心理学家曾做过一种实验，让患有强度自闭症的儿童与陌生的成年男子见面，以观测他面对成年人时间的长短。将成年人的眼睛蒙起与不蒙的两种情况相比较，发现儿童注视前者的时间，居然为后者的三倍。这就是说，双方眼光一接触，儿童会立刻移开视线。由此可知，性格内向、弱势群体或地位较低的人，大都无法一直注视对方。

东张西望

当你和一个人说话时，这个人却不停地东张西望，他这么做可不是为了观察周围的事物，而是为了搜寻逃跑的路线。即使不是这样，也说明他的内心对你们的谈话毫无兴趣。如果谈话时，对方很少看你，便可视为他对你或者你的话题不感兴趣或者没有亲近感。东张西望是人类面对讨厌的事物做出的一种最常见的反应，这种表情往往表示这个人对于所谈论话题的漫不经心。当你和一个讨厌的人说话时，你就会本能地把视线投向其他方向。可是按照社交礼仪，你知道这么做一定会引起其他人心中不快，于是只好装出一副很感兴趣的样子来伪装自己的厌倦。于是，你的目光就很自然的一会从对方身上移开，一会又回到对方身上，也就是我们惯常所说的东张西望。

这个动作的潜意识是逃避。除了厌倦，东张西望还可以代表缺乏安全感。同样的例子，如果你交谈的对象总是把目光从你的身上移开，而他又不是对话题感到厌恶，那他一定就是紧张。目光飘忽不定，表示这是个三心二意或拿不定主意或紧张不安的人。视线闪烁不定或左顾右盼，常产生于内心不稳定或不诚实之时。回避对方的视线常表明不愿被对方看穿自己的心理活动，或心虚，或害臊，还可能是厌恶、拒绝。

有的人目光闪烁不停、飘移不定，说明他的心思很灵活，也许是好主意不少，也许是鬼点子很多。这样的人，如果是年轻人，会随着未来所处环境或者境遇不同，或许能成为智囊团的一分子，或许会成为野心勃勃的阴谋家。而上了年纪的人如果还是用这种眼神看人，与他们相处时就要多加小心了，他们往往是属于老奸巨猾的类型。

举个例子，如果有业务员在向你推销他的商品时，他一边说着，眼睛却在上下左右转个不停，你就应该留有戒心，掂量他是否在撒谎。如果你身边的人眼睛也这样转动时，应该去判断他想表达什么意思。对方眼睛东张西望而不专注时，是因为怕你而在说谎。这样做，多半是为了不使你担心，而不将真相说出。在你一再追问的情况下，他口是心非，眼睛自然会转个不停。

从心理学来看，男性的这种转移眼神的动作，是为了不失去客观性的本能所产生的举动。所以，男士和女友或和自己的太太上街，他会情不自禁地注视来来往往的其他女性。相反，女性的本性只停留在主观感情上，她走在路上时，除男朋友外，对其他男性都不会去正视，只是含情脉脉地注视着身旁的男朋友，对他的一举一动都非常关注。

东张西望还经常出现在撒谎者或诈骗犯的身上。他们不像时常理解的那样会回避对方的眼神，反而更需要眼神交流来判断你是否相信他说的话。说谎者在说谎前会眼神飘移，在想好说什么谎后，会眼神肯定。如果遇到对方冷静的反驳，说谎者会再次出现眼神飘移。

目光斜视

在日常生活中，我们经常使用“目不斜视”来形容一个人态度严肃，举止端庄。但我们在人际交往中，经常会遇到这样一种人，他们的眼神方向与目不斜视恰恰相反，视线与脸的朝向总是出现一个夹角。从生理构造上，这个动作做起来并不舒服，可他们宁可“委屈”自己，也要斜眼看人。是什么原因驱使他们这么做呢？

俗话说，“相由心生”。一般来说，人的行为动作都是其心理状态的外在反应。视线方向就是行为动作的一种，因此不同的目光后面就有不同的含义。不仅如此，有时候同样的目光下还可以包含着不同的意思。但主要原因无外乎两个：一是因为这种视线状态，瞳孔在一侧而不在中间，和视线的左右转移外观相似；二是因为这种视线状态，映射了不愿意看的心态，和视线转移一样不够“诚恳”。不论是希望真诚的交流，还是受到意外刺激而寻找刺激源，都会出现头部的转动动作，让自己的面孔尽可能正面朝向被视对象。只转动眼睛而不转动头，直接映射了相对负面的心态。需要特别说明的是，这里说的“不愿意”，不光包括不愿意常规代表的厌恶和否定，还包括不敢看，怕对方发现才偷着瞄一眼。这可能造成侧目相视的情绪和心态，主要包括：得意、轻蔑、忧虑、厌恶。

既然斜视目光背后的心理可以是拒绝，可以是猜疑，还可以是轻蔑，到底对方斜眼看人的心理是哪一种表现呢？其实，这只不过是利用视线来表达想将身体也转过去的一种心理。在交谈过程中，如果你的朋友斜视你，那就意味着他没有重视你，或者是想离开你，起码是对你的话题不感兴趣了。如果人家对你扫视一番，然后发出笑声，这说明人家在讥讽你。回避视线的行为，就心理学而言，可视为自己不愿被对方看见的心理投射，亦即遮掩某事不想被对方知道。如果对方是斜视，这往往是对你不屑一顾，是对你的鄙视。

另外，我们可以积极运用这种“回避视线”的身体语言，也可以不必开口而将自己的意向传递给对方。在酒席等场合，想尽早结束无谓的胡扯、满腹牢骚以及欲拒绝对方要求时，上述手段很奏效。表面上是在随声附和，似乎在专心听话，实际上却利用眼神的转移，在心理上阻止对方继续说下去。总而言之，喜欢斜眼看人的人，大多不愿被人知晓心意。我们也可以利用这样的方法，间接地处理生活中的一些问题。

还有一种特殊情况，就是和异性视线相遇时故意移开表示关心对方。与男性相比，女性是偏向感性的，她们做起事来往往依靠直觉而非逻辑，因此容易比男性感情用事。她们的心理相当复杂而奇怪。

有些女招待一旦目光与男人相碰，便会立刻把视线移开，此时她们心里很不自在。胆怯的男性，立刻会显得呆板，心里想“她看不起我吗？”“我是否被视为不受欢迎的人？”原因当然不是这样，其实这是对方对你关心的一种心理反应。

如果公交车上上来一位年轻貌美的女性时，所有人的眼光几乎都会集中在她身上。但是，青年男子往往会随即把脸扭向一旁。纵使他们对她有兴趣，但也只会偷偷斜视对方。这是由于他们想认识对方，又不愿让对方知道自己的心意的缘故。

行为学家亚宾·高曼博士认为：“瞄上一眼之后，闭上眼睛，即是一种相信，看你一眼之后，并不是把视线移开，而是闭上眼睛后，再睁眼望一望，如此不断反复，就是尊敬与信赖的表现。”

斜眼看人还有一种特殊的类型，就是翻白眼。这个动作不易伪装，如同斜眼看人，翻白眼属于比较复杂的眼球运动，做起来也很不舒服。当有人对你表示轻蔑和厌恶的时候，就会做出主动性的翻白眼动作。

眼睛向上看

眼睛向上看，往往会代表着轻蔑。

如果视线只是略微上扬，说明对方虽然精神恍惚，但欲望极高。恍惚的原因是当下的境况正陷入进退维谷的境地。这时候，会伴随着双手下垂的动作。

心理学家认为人应该“向上看”。奥斯卡·王尔德是19世纪的爱尔兰作家，以机智著称于世。这个大才子曾借其戏剧人物之口一语双关地说：“我们都在阴沟里，但有些人却在悠闲地看着天上的星星。”到了20世纪，心理学家经过研究发现，王尔德的台词抓住了问题的关键。悲观主义者眼睛往下看时，他们的大脑工作得更好；乐观主义者向上看时，他们的大脑会转得更快。

人在犯错误时为什么会下意识地低下头，而在自信心爆满时又高昂着头？

美国北达科他州大学心理学家布赖恩·迈耶领导的研究小组研究后表明，因痛苦而引起的典型的畏怯表情确实会对人起作用，他们也许有悲观的思想，但是如果他们抬头向上看的话，就不会那么悲观地思考问题了；而人老是低着头的话，就会更加悲观地进行思考。这种情况在现实生活中并不少见：当你犯了错误，被人指出，你会羞愧地低下头；当你取得了好成绩，或者你的自信心爆满的时候，你就会高昂着头。这些动作都是你下意识做出的，是你的悲观情绪或乐观情绪使然。

更重要的是，这一研究提出了诊断和治疗这种抑郁情绪的新方法。抑郁是最普遍而又令人最容易衰弱的心理疾病之一，每 5 个人中就有 1 个人的生活受到这种情绪的影响。在研究中，研究人员对志愿者进行了测试，寻找那些拥有最强烈悲观情绪的人和最强烈乐观情绪的人，然后让志愿者做不同的认知测试，先是让他们眼睛向下看时做测试，然后眼睛稍稍向上看时做同样的测试。结果发现，当悲观者眼睛向下看时，他们在认知测试时表现得最好，而乐观者在向上看时表现最佳。迈耶说："自从高级思维进化以来，人类就将向上和向下或者白天和黑夜这样的词汇与积极的情绪和消极的情绪联系了起来，这些测试就暗示了这种关系的来源。"

还有一种特殊的姿势，就是在低头的同时眼睛向上看。为了向他人表示自己的威严或者攻击性，人们常常会做出压低眉毛的动作。反之，提升眉毛的动作则是顺从谦恭的表现。有人发现某些种类的猩猩和猴子也会用这些动作表示相同的含义。他们还指出，常常有意提升眉毛的动作会带来一种顺从的感觉，而常常有意压低眉毛的人则会被认为具有相当的侵略性，在这一点上猩猩和人类的感觉完全一样。

在低头的时候抬起眼睛往上看，还是一种表示顺从谦恭的姿势。这种心理反应可以这样解释：小孩的身高比成年人矮得多，所以在看成年人时必须抬起眼睛往上看；久而久之，不管是男人还是女人，都会被这种仰视的目光激发出类似于父母般的情感反应。

迄今为止，把这个动作做到极致的当属已故的戴安娜王妃。

在婚姻遭遇危机时，黛安娜王妃用“眼睛向上看”的姿势博得全世界的同情。下巴微微内收，抬起眼睛向上看，露出纤细的脖子，这个姿势几乎已经被黛安娜王妃艺术化了。这种像孩子般的姿势触发了成千上万人的怜爱之情，特别是当人们认为黛安娜王妃遭到英国王室的攻击时，更是希望能像父母一样保护她。这样一种表示顺从的姿势，人们平时并不会有意识地去练习，但是大家心里都清楚，只要做出这样的动作就会收到预期的效果。

眼睛向下看

与视线向上形成鲜明对照的，就是目光向下。

心理学家莫里斯在《人体密语》中指出，听别人谈话时，眼睛向下看，嘴角下垂者往往是想保持自己的权威和尊严。如果眼睛闭成一条缝，说明当事人没有用心听你讲话，也可能是表示心理已经非常疲倦了，此时说话的人就要注意，要么就此打住，要么转移话题。厌倦时的体态语还包括反复抠手指、打哈欠、看表等。

女人可以通过眼睛向下看来表达自己的爱慕之心。当一个女人对房间另一端的某个男人产生兴趣时，她会有意与这个男人眼神相交，以吸引男人的注意。通常她会注视男人两三秒钟，然后将目光移开并且垂下眼睑。女人认为这样的注视已经足够明显表达了自己的爱慕之心和顺从之意。

如果一个人平时总是将眼睛紧紧地盯在地面上，那他就一定是心情抑郁的人。这样的姿势很有可能反过来会加强引起这种姿势的情绪，所以悲观者或者有抑郁趋向的人更会因为盯视下方而保持这种情绪。有个心理学家曾经说过：“只需劝说这样的人改变一下习惯，将目光稍稍抬高一点，就会减轻抑郁情绪。”

那么，能否这样假设，任何人只要将眼睛紧紧地盯在地面上，那他就一定是心情抑郁吗？答案是肯定的。英国咨询和心理疗法协会的霍德森博士肯定了这种假设，他说：“如果你情绪低落你就会向下看，这是一种心理上的机能，也是身体上的机能。在足球场上，当主罚点球的运动员射失了一个点球后，会不由自主地低下脑袋，因为他们的肌肉会发软。”霍德森深信，长期的悲观者和抑郁症患者还会形成一种与他人完全不同的观点。他说：“他们认为自己会做得不好，所以就会变得更有可能出差错，而且他们也会有更少的生活乐趣。他们的睡眠也很少，行动迟缓，因此他们也确实用不同的观点看待这个世界。”

解读陌生人的目光

一个人的视线可以从不同角度和不同的观点来了解。其一，对方是否在看着自己，这是关键；其二，对方的视线是如何活动的，对方直盯着自己，或视线一接触马上移开，其心理状态是迥然不同的；其三，视线的方向如何，也就是观察对方是否以正眼瞧着自己，或以斜眼瞪着自己；其四，视线的位置如何，这是观察对方究竟是由上往下看，或者是由下往上看；其五，视线的集中程度，这是指观察对方是专心一致在看着自己，还是视线缥缈，不知到底在看什么地方等。这些表现所代表的意义是各不相同的。

对方是否在看着自己，亦即有无视线接触，说明对方是否对自己有好感或兴趣等。如果对方完全不看自己，便是对自己不感兴趣或无亲近感。相反，当我们在路上行走时，发现陌生人一直盯着我们，必定会感到不安，甚至会觉得害怕。

素不相识的人，从彼此视线偶尔相交的时候，便会立刻移开。这是由于人们觉得，一个人被别人看久了，会觉得被看穿内心或被侵犯隐私权。当我们在等公共汽车，或站在影剧院卖票口排队买票时，多为背向后面的人，这种表现为人们所司空见惯，这样做，不仅是为了往前进，也是为了避免同不相识的人视线相交。最明显的例子是坐电梯的时候，绝大多数人进入电梯，都是立即面向电梯门，或者抬头望着天花板，或者低头看着地面，或者把目光投向电梯内壁上的说明书或者广告上。即便偶尔有同乘电梯的人彼此目光相接，互相报以微笑，互相对视的时间也不会超过 5 秒。一旦超过这个时间，之前善意的微笑就会逐渐变得僵硬，这时候就会产生适得其反的效果。这些都是一个明显避免对视和交谈的动作。但也有面对面者，这些人多为亲朋或熟人。他们会彼此默许自己隐私权受到某种程度的侵犯，因此，他们偶尔会视线交错，便于相互言谈，心理沟通。综上所述，相识者彼此视线相交之际，即表示为有意进行心理沟通。

但若是这种情况发生在女人之间时，则具有不同的意义。因为，当女人不愿意把自己的内心体验传递给对方时，多半会产生凝视对方的行为。心理学家艾克斯莱恩等人曾做过人们对视的实验，实验结果表明，如果事先指示受测者“隐瞒真意”，在受测中，注视对方的比率，男人会降低，女人则反而提高。男人在未接到指示的情况下，其谈话时间内有66％~80％的时间在注视对方；但得到指示后，却只有60％~80％的时间在注视对方。至于女人方面，在接受指示之后，居然能提高到69％的时间在注视对方。因此，当在公开场所遇见女人注视自己过久的时候，不妨认为她可能心中隐藏着什么，要注意她言不由衷的表情。

不同国家、民族对目光的态度也大不相同。在美国的公共场所，人与人擦身而过时的眼神有个不成文的规定：大城市的白人，在5米到10米之间时，要互相注视，如果是陌生人，瞥视一眼即可；如果是熟人，不打招呼被认为是失礼的。而黑人或乡镇的白人则没有熟人与生人的区别，一律互相问候。但在一些亚洲和拉美国家，如果长时间凝视对方，就会惹上麻烦。因此，注视的时间一定结合具体的地区和风俗传统来调整。如果实在不清楚，就模仿主人的目光或者点到为止。

另外，大家一定要分清注视和瞥视的区别。首先在态度上，两者就有很明显的区别。前者是积极主动的，而后者则是消极被动的。举个最简单的例子，在海滩或游泳馆里，穿着五颜六色的比基尼的姑娘大都希望自己得到异性的瞥视，如果没有人看自己，会产生失落感，可如果有人一动不动地盯着自己，她们就会觉得对方非常无礼，甚至有性骚扰的倾向。因为在传统习惯中，男子是不能长时间注视陌生女性的。

通过眼神辨谎言

一般来说，说谎的人因为内心发虚，因此在说谎时会尽量避免和别人眼神接触。例如小孩子说谎的时候因为心虚，所以脸庞发红，眼神闪烁，飘忽不定，目光经常往下看。但“经验丰富”的成年人说谎可就没那么容易看出来。一些说谎者可以盯着对方的眼睛，甚至伪装出一副坦诚无比的样子目不转睛地盯着你，脸不红心不跳地说谎话。

那我们该如何识别对方是否诚实呢？美国著名心理学家大卫·李伯曼教授发现，对大多数人来说，当人们的大脑进入记忆搜索状态时，也就是回忆某件真实存在的事情时，眼睛会先向上、再向左转动。而如果当一个人尝试去“构建”一个画面情况，也就是编造谎话时，眼球的运动恰恰相反，会先向上、再向右转动。

因此，如果你想打探对方是否说谎，不要问他“你说的是真话吗？”这类不需要回忆或者非常简单的问题。因为此类问题无须回忆，即使对方说了谎话你也无从判断。这时你可以问一些必须要回忆才能想起来的细节问题，比如：“那天你在路上遇到了哪些人？和他们说了些什么？如果对方不经思考就看着你的眼睛马上回答，说明他在讲述一个已经编好的谎言；如果他的眼睛先向上、再向左转动，说明他在回忆真实的情况；如果眼睛先向上、后向右转动，说明他正在编造谎言，准备骗你。

很多人在撒谎的时候会把脸转向一旁，眼神闪烁不定。为了验证这一点，科学家们做了一组实验。他们安排实验对象在交谈过程中向对方撒谎，并且把整个交谈场面录了下来。然后，在交流研讨会上，科学家们让与会者观看这些录像，并且指出他们所识破的谎言。

最终结果让专家们大吃一惊，撒谎者的表现与他们预想的不太一致。大约只有 30% 的撒谎者在撒谎时眼神游移，这部分撒谎者的谎言也最容易被识破，约有 80％的谎言都被研讨会成员指了出来，其中女性的成功率比男性更高一些。其他 70％的撒谎者在撒谎时都目光坚定地看着那个可怜的受骗人，或许他们知道左顾右盼的表现会招致怀疑，所以采取反其道而行之的办法避免被识破。他们的做法的确是对的，在这部分撒谎者当中，平均只有 25％的谎言被识破，其中男性识破谎言的成功率仅有可怜的 15％，女性则是 35％。在辨别声音的变化、瞳孔的扩张以及其他线索方面，女人的直觉都要远远强于男人。

在别人和你交谈的过程中，如果对方与你目光相交的时间超过 2/3，一般意味着两种可能：第一种可能是，他觉得你十分风趣而有魅力，如果是这样的话他的瞳孔会扩张；第二种可能是，他对你怀有敌意，或是向你传递挑衅的信号，在这种情况下他的瞳孔会收缩。正如我们常常提到的那样，女人非常擅长解读瞳孔信号，所以她们能够区分出对方到底是好意还是歹意。但是，男人们在这一方面实在不如女人。这也就是为什么大部分男人无法根据女人脸上的表情判断她们的心情，甚至不知道女人是打算给他们一个甜蜜的吻，还是一个狠狠的巴掌。

长久以来，我们都有一个思维误区，就是以为撒谎者都不敢直视对方，这是源于每个人在小时候都会有类似的经历，“你一定撒谎了，因为你不敢看我的眼睛”。这教会人们从小就知道说谎者不敢看眼睛，所以人们学会了反其道而行之以避免被发觉。实际情况恰好相反，撒谎者为了从对方眼睛中判断对方是否相信了自己的谎言，会目不转睛地盯着对方的眼睛。高明的说谎者会加倍专注地盯着你的眼睛，瞳孔膨胀。实际上，欺骗者看你的时候，注意力太集中，他们的眼球开始干燥，这让他们更多地眨眼，这是个致命的信息泄露。

另外一个准确的测试是直接盯着某人眼睛的转动，人的眼球转动表明他们的大脑在工作。大部分人在大脑运转时，眼球的运动方向是右上方。如果人们在试图回忆确实发生的事情时，他们会向左上方看。这种“眼动”是一种反射动作，除非受过严格训练，否则是假装不来的。还需要注意的是，如果一个人试图唤起记忆，就会把目光暂时移开，而撒谎很多时候都是提前打好“草稿”的，因此不经思考就脱口而出，目光自然不会移动。

长久以来，人们心中有一个误区，就是撒谎都是男人做的事。其实，撒谎不是男人的专利，女人们有时候撒起谎来要比男人还要难以辨别。女人撒谎时，不但不会转移视线，相反还会长久地凝视对方。而女人这种镇定自若的眼神，往往会使对方信以为真。

窥测眉毛上的天机

眉毛在不动的情况下，其本身的浓淡粗细就能在一定程度上反映出一个人的性格特征。而眉毛的舒展、收拢、扬起和下垂，更可以反映出人的喜怒哀乐等复杂心理。比如，习惯把眉毛弓起来的人往往充满自信，对待事物比较积极；而习惯压低眉毛的人通常比较自卑懦弱，对待事物比较消极。因此了解眉毛的活动，是了解人们心理的又一个切入点。

1. 扬眉

扬眉这个动作，能够扩大视野。当眉毛扬起时，会造成眉间皮肤的伸展，同时整个前额的皮肤向上挤紧，出现水平方向的长条皱纹。

眉毛上扬是积极情绪状态下的一个动作，当一个人感到欣喜或自信时，就会双眉上扬。

在美剧《犯罪心理》中有一个案件，由于没有充分的证据，犯罪嫌疑人被放走，但天才博士瑞德从他离开时扬眉的动作发现了他的第二种人格，于是最终查出了他的犯罪行为。

另外一部美剧《别对我撒谎》中也有一个案件，莱特曼博士审问爆炸案嫌犯作案地点。他试探性地先后说了两个地点，随后站起来，命令调查人员开始搜索第二个地点，果然在第二个地点搜出了炸药。他是如何判断出来的呢？莱特曼博士发现，当他说出第一个地点时，罪犯没有什么反应，但是他的眉毛和嘴角轻轻上扬了一下，说明他在窃喜，因为莱特曼说出的地点并不正确。而当莱特曼说出第二个地点时，罪犯的情绪则有些变化，说明这个地点对他来讲有些不同寻常。

眉毛上扬除了暗含雀跃的情绪之外，当一个人感到惊讶时，双眉也会上扬，还会伴随双眼睁大。而一个人如果瞬间单眉上扬，则表示对别人所说的话或所做的事不理解或有疑问。

轻抬眉毛是和人打招呼的一种方式。人们遇见熟人，在两个人的距离能看到对方的面部表情，但还没达到可以握手的距离时，就会轻抬眉毛，来跟对方打个招呼。

2. 皱眉

人皱眉的情形带有防护性和侵略性。

防护性的皱眉是保护眼睛免受外界伤害的退避反应。当人们面临外界攻击、突遇强光照射或者产生强烈的情绪反应时，会将眉毛皱起，同时眼睛睁开注意外界动静。

侵略性的皱眉，是代表不同意或烦恼，甚至盛怒。其实侵略性的皱眉，出发点也是防御，是担心自己侵略性的情绪会激起对方反击的自卫行为。

如果一个人紧皱眉头，表明他正处于非常忧虑的境地，想走走不掉，想逃逃不了，不知道怎么办才好。

需要注意的是，有时候皱眉可能只是一种疼痛或者不舒服时的生理反应，没有什么特殊的含义，要注意分辨。

3. 耸眉

眉毛先扬起，短暂停顿一段时间，然后再降下来，这是典型的耸眉表情。在耸眉的时候，伴随撇嘴，这一组动作意味着不愉快的情绪。除此之外，有时候耸眉的表情是表示无可奈何。生活中爱做耸眉表情的人，往往是爱抱怨的人，容易惹人厌烦。

鼻子泄露的秘密

鼻子虽然是人体五官中最缺乏运动的器官，但它敏感而不善于伪装，总能诚恳地参与到表情变化中。鼻子的微表情虽然少，但是如果我们留心观察，也是十分丰富的，因此鼻子也一样会“出卖”主人的心理活动。所以，当我们观察一个人的时候，不妨从对方鼻子的微表情去了解对方。

那么，在生活中，鼻子有哪些“微表情”值得我们注意呢？

1. 鼻孔张大

乔・纳瓦罗讲过这样一个案例，他在父亲开办的五金店打工时，曾经阻止过一宗抢劫案的发生。

当时，他注意到一个男人没有购买任何商品，却一直站在收银机旁。当乔・纳瓦罗观察他时，他的表情发生了变化——鼻翼膨胀、鼻孔扩大了。这表明他在深呼吸，并准备采取行动。于是，乔・纳瓦罗大声向收银员发出警告：“小心！”那一刻，这名收银员正好打开收银机的抽屉，站在收银机旁边的男人迅速将手伸进去抢钱，收到警告的收银员及时抓住了男人的胳膊并将其反拧过来，钱从企图抢劫的男人手中掉落下来，男人跑出了商店。

正是对对方鼻子留心的观察，让乔·纳瓦罗提前一秒预测到了犯罪分子的心理活动，及时发出警告，避免了经济损失。

当一个人鼻孔张大时，通常表明他处于兴奋、紧张或者是恐惧的状态。我们看到两个人针锋相对时，他们都会情绪高涨，鼻孔也会扩大。这是因为，人们在愤怒或紧张的状态中，心跳和呼吸都会加快，所以鼻孔也会出现张大的现象。在谈话的过程中，若发现对方的鼻孔略微扩张，则多半是你的话让他不满或者让他感到得意。具体是得意还是不满，就需要结合谈话对象的其他反应来判断了。

2. 鼻头冒汗

鼻头冒汗是一种正常的生理现象，如果一个人平时没有这样，一旦出现这种鼻头冒汗的现象，就应该说是对方内心焦躁或者紧张害怕的表现。如果你在与人谈判的时候，发现对方鼻尖已经渗出了细小的汗珠，那么说明你已经掌握了谈判的主动权了。

3. 鼻子提起

鼻子轻轻上提，表示一种轻蔑的态度，潜台词是：“有什么了不起的，我根本看不上眼。”

有时候，鼻子也会配合声音来表现人们内心的真实想法。当一个人表达自己的怀疑和否定态度时，鼻子就会微微提起，同时鼻腔里会发出“嗤”的一声，这声音就是否定立场的鲜明表达。

将头颅高高扬起，同时使劲把鼻子耸起来，让鼻孔对着别人，形成一种自上而下的视线，会给人一种傲慢的印象。因此人们经常说那些高傲的人“拿鼻孔看人”。

法国历史上拥有卓越的政治和军事才能的著名总统夏尔·戴高乐，其高傲的形象世界闻名。在一次采访中，戴高乐被法国某电视台记者问及了一个在他看来如若回答就会有失身份的问题。当时，戴高乐就做了这个动作——扬起头颅，耸起自己的鼻子，然后俯视那个记者，表达自己的拒绝之意。

如果我们不想给别人留下高高在上的印象，就不要轻易提起鼻子，以免让人误以为自己瞧不起别人。

很多人都以为鼻子没有“语言”，不能传递信息。实际上，这种看法并不准确。在五官之中，鼻子的微表情虽不如眼睛和嘴巴丰富，但是如果我们留心观察，也会发现丰富的信息。

嘴巴能告诉你的一切

嘴巴是人脸上最忙碌的一个器官，它除了要用来吃饭喝水外，还要进行语言表达和情感交流。此外，嘴巴还是构成表情的关键部位，它的动作既复杂又难以捉摸，观察和解读嘴部微表情对于获取对方的心理密码是十分重要的。

1. 咬嘴唇

在与人交谈时，用上牙齿咬住下嘴唇，或者是用下牙齿咬住上嘴唇，这通常表示一个人正在认真聆听对方讲话。

他可能是在心里认真揣摩对方的意思，也可能是在反省自己。喜欢咬嘴唇的人分析能力较强，思维缜密，在遇到事情时，一般不会马上作出判断；一旦作出判断，必然是经过深思熟虑的。

喜欢咬嘴唇的人提出的意见和建议通常比较中肯，对他们提出的意见和建议，你不妨考虑采纳。

2. 缩拢嘴唇

在与人谈话时，如果对方突然缩拢起嘴唇并沉默了，表明他可能对你所说的话持否定态度，同时又由于某种原因（可能是不屑，或者对某个问题有所怀疑）使他不能把自己的想法说出来，所以就缩拢嘴唇保持沉默。

3. 嘴角下拉

当人们感到高兴或得意时，嘴角就会上扬；而当人们感到不开心时，不悦的情绪总是会从下拉的嘴角上体现出来。

下拉嘴角还可以代表愤怒。与人交谈时，如果发现其嘴角下拉，同时眉头紧锁、怒目圆睁，那么我们就要注意，对方应该是发怒了。

嘴角下拉的动作还可能传递出鄙夷的意思。在交往中，当一个高傲的人在你面前昂起头，同时下拉嘴角，做出鄙夷的神情时，说明他对你表示不屑。而我们要做的就是用出色的表现来回敬他，让他知道你并不是泛泛之辈。

4. 抿紧嘴唇

嘴唇的变化可以体现一个人的心理状态。当嘴唇圆满呈现的时候，通常表示一个人很放松；而当人们把嘴唇闭起来，则表示事情不顺利。一般情况下，愉悦的情绪会导致肢体外扩，而负面的情绪会导致肢体收缩，同样地，嘴唇周围肌肉的收缩也是在传递一种负面情绪。

当一个人将自己的嘴唇闭起来，多半说明此人处于麻烦之中，他感到内心不安，但却不愿意即刻表现出来，所以他在压力的驱使下把嘴唇闭紧，通过这个动作来控制自己的情绪。

有的时候，人们在压力和忧虑的情绪驱使下，会挤压嘴唇，将其抿成“一”字形，使得嘴唇隐藏起来，就像给自己的嘴巴安上一条拉链，好让它避免发出不合时宜的声音。

联邦调查局的某位特工曾经为英国某轮船公司提供过咨询服务。有一次，他的英国客户与一家大型跨国公司洽谈船只交易的事，他受命坐在后面旁听，以观察对方谈判人员的微表情，从而获得对客户有帮助的信息。

在谈判的过程中，双方按照合同的条款一项一项地向前推进，当进行到一项涉及价值几百万的建筑工程时，跨国公司的代表将嘴唇抿成“一”字形，仿佛要把它们藏起来。

特工发现了这一动作，他判断出这一条合同内容对方觉得不妥，所以就给雇用他的客户传了一张纸条，提醒他这一条款可能会有不妥，应再推敲一下。英国客户听从了他的建议，谈判双方围绕这一问题进行了反复讨论，最终英国客户省了十几万美元，而特工发现对方表示不悦的嘴部信号成为有效处理这一问题的关键。

在关键时刻，将嘴巴闭成“一”字形的人，在困难面前一般都表现得比较顽强，有股不达目的誓不罢休的韧性。但这种人也十分顽固，一旦自己决定做什么事，往往九头牛也拉不回来。

而当一个人处于极度悲痛的状态下时，会把嘴唇完全隐藏起来，并将嘴角下拉形成倒 U 形，这种表情的出现，说明此人正在承受着巨大的苦恼或悲伤。

第二章 打开肢体语言的心理钥匙

无论怎样掩饰自己的内心，人的某些内心活动还是会通过细微的肢体语言表现出来，这种肢体语言就是人的微行为。肢体语言会说话，而且说的都是真话。在生活中，我们经常用肢体语言来表达自我，肢体语言可以帮助人们表达出舒适、期待、欲望、害怕等多种信息。掌握一个人体态和肢体动作所代表的意义，可以让我们更好地了解别人和展现自己。

头部姿势暗示的心理状态

头部是大脑的所在之处，统领着人的整个身心。研究表明，头部动作是人类进化最早的动作，其次才到躯干，最后才是脚。我国古代有很多成语，如埋头苦干、垂头丧气、抱头痛哭等，都是用来描述头部动作和心理状态的关系的。仔细观察一个人的头部微行为，可以发现很多重要的信号。

头部的基本姿势包括抬头、低头、点头、摇头和歪头，此外还有后仰、僵直等姿势，下面我们就来一一破解这些头部动作的内涵。

1. 抬头

抬头是最常见的头部姿势之一。

下属进入领导的办公室汇报工作，此时领导正低着头在桌上写东西。下属在领导面前静静站着，只有领导把头抬起来看着下属时，下属才开始汇报，这是因为下属知道领导抬起头看他，就说明他可以专心听自己汇报了。由此看来，抬头是有意投入的表现。

在谈话的过程中，当人们对谈话的内容持中立态度时，往往会出现抬头的动作，随着谈话的继续，抬头的姿势往往会一直保持，有时会伴随点头的动作。

除此之外，如果一个人正在认真思考的时候，也会时不时地把头抬起来，并伴随着用手抚摸脸颊的动作。

2. 低头

低头动作的基本信息是压低自己，以隐藏脸部，表示谦卑或害羞，但大人对孩子或者居上位者对居下位者做出这个动作时，是在发出友善的信号。

在心怀敌意的情况下，低头有着全然不同的意义，它表示否定，甚至是具有强烈攻击性的态度。

一些有经验的演讲者如果发现他的听众都低着头，手臂交叠在胸前，那么他就会意识到观众对他的观点持有不同的态度或者厌倦的情绪，此时最好转移话题，或者通过其他的手段，让观众抬起头来，转变态度。

3. 点头

点头的动作通常代表一种肯定或者赞同的态度。我们知道鞠躬表示顺从，而点头就像是鞠躬的简化动作，也可表示赞同。有研究表明，天生失明者和聋哑人在表达赞同和肯定的态度时也会用点头的动作。这意味着人们天生就懂得用这个动作来表达顺从的意思。

然而我们也要知道，在世界的某些国家和地区，人们用点头表达否定的意思，如保加利亚和希腊部分地区。

人们还会利用点头的动作和熟人打招呼。

除此之外，在与人谈话的时候，人们还可以通过对方点头的频率来了解他对谈话内容的态度。如果你说话的时候，听者注视着你，且身体前倾，缓慢地点头，这一系列动作表示他对谈话内容很感兴趣，并且还与你产生了共鸣，他很愿意继续听你说下去；而当你正在说话时，对方快速地点了下头，这等于是在告诉你，你的谈话内容枯燥乏味，他已经听得不耐烦了，你最好尽快结束自己的发言。

如果对方点头的节奏与你谈话的节奏并不合拍，你都话音落地很长时间了，对方才慢慢点一下头，这证明对方并没有专心在听你讲话，他的心思已经跑到别的事情上了，或者有什么隐情。

4. 摇头

摇头是表达否定态度的惯用动作。这个动作可能也是人类与生俱来的，并且一直伴随着人的成长。观察婴儿吃饱了奶水之后的举动，就会发现，他会通过摆动脑袋来表示自己吃饱了。长大后，当我们不同意某个观点或者对某个事物不感兴趣时，就会通过摇头的动作来表达。

正常情况下，人们对于否定的事情只会轻轻摇头，而如果一个人的摇头动作不正常，那么就要留心了。

曾经有一个警方打击走私犯罪的案例。开始时，警察抓到一名走私分子，为了从他身上获得其他走私犯的信息，就故意给他看一个事先锁定的嫌疑人的照片，让他来辨认。这名走私犯看了一眼照片后就赶紧连连摇头，坚决否定，通过他这种不正常的摇头动作，警方断定这名嫌疑犯就是走私者，然后顺利地端掉了一个走私集团。

如果你正在提款机前等待，前面的人刚走，突然旁边插进来一个人抢在你前面站在了提款机前，你生气地质问："难道你没看见我在排队吗？"这个人头部僵硬了一下，然后一边摇头一边说："没有呀，这里平时没人排队，我以为你只是站在旁边，不好意思，我已经把卡插进去了，能不能让我先来？"他配合摇头的动作，想让你相信他的话。殊不知，在摇头之前，他那个头部僵硬了一下的小细节已经揭示了一个事实——他在撒谎。

由此可见，对于身体语言，我们除了要仔细观察之外，还要善于拆穿伪装。有一个拆除伪装的小办法，那就是观察他的身体语言和有声语言是否一致。比如有人虽然口口声声说：“我同意你所说的。”但是却不由自主地同时摇头，那么他的话显然不如他语气中所表现的那么诚挚可信，在这种情况下，你最好对他有所留意。

需要注意的是，在谈话的过程中，如果对方的摇头动作与谈话的节奏并不相符，说明对方有可能是在想别的事情，而不自觉地摇起了头，并不是在否定你说话的内容。

5. 歪头

把头部歪向一侧这个动作，源于幼时依偎在父母身上休息时感到舒适的记忆。当成年人把头歪向一侧时，就像依偎在保护者身上一样。这个姿势会将脆弱的喉咙和脖子部位暴露出来，让人显得不具有攻击性。

大部分女人，似乎是在不知不觉中读懂了这一姿势所传达的顺从与天真意味，所以，她们经常会使用这个姿势向心仪的男士表达自己对他的兴趣，释放出一种温顺与娇俏的风情，就好像在说：“我是你手中的宝贝，我喜欢把头靠在你肩上。”这在大部分男人眼里都是极具吸引力的。

不过，在商务场合，最好不要露出歪头的姿势，而应该始终保持头部挺直，以免在对手面前显得软弱。

歪头还表示怀疑的意思。如果对方听了你所说的话之后歪着头想了想，那么这说明对方在对你的说法表示怀疑；如果他接下来点了点头，但没有恍然大悟的感觉，说明他只是在表面上认同了你的观点，心里却不是这么想的。

把头歪向一侧也是感兴趣的表现。当你发现对方歪着头，身体前倾，做出手触脸颊的思考手势，就说明你的话吸引了他。

6. 头部猛然上扬，然后恢复常态

它表示“我很惊讶会见到你”。这个动作常用于距离较远的时候，且发生在彼此非常熟悉的场合。

7. 把头转向一侧，再使它回到中间的位置

这是单侧的摇头，也是表达否定的意思。

8. 头部僵直

表明内心毫不惧怕，即使有什么东西在身旁摔破，也都不屑一顾。有时也是心里觉得无聊的表现。

9. 探出头对视

恋人之间伸长脖子探出头深情地注视着对方，则意味着满怀爱意；而如果是两个冤家伸长脖子探出头，瞪着对方的眼睛，则表示他们彼此不畏惧，针锋相对。如果一个人想要吸引对方的全部注意力，也会探出他的头，用脸挡住对方的视线，以阻挡对方去看任何可能吸引他的事物。

舌头上的信号

我们口腔内的舌头不仅仅有辅助说话的功能，舌头上的一些小动作也会随着我们的情感变化而不同，一些通过舌头所呈现的小动作的也是我们心理信号的表达。

1. 吐舌头

当人们专注于某项任务时会吐出舌头，例如大家所喜爱的明星乔丹在起身灌篮时曾经做出过这个动作。

吐出舌头的动作的潜台词可能是：“哈哈，我准备好了，我来啦！”而当人们不断地像狗一样吐出舌头时，那么则表明了他内心十分紧张的状态，吐舌头的行为是为了缓解心理压力。

2. 舔嘴唇

人们感觉到口干舌燥时，通过舔嘴唇可以让嘴唇得到滋润；而当内心感到不舒服时，反复摩擦嘴唇也可以起到自我安慰的作用，能够帮助人们迅速冷静下来。

所以，当人们感到压力大时，就会用舌头舔嘴唇。

3. 露出舌尖

露出舌尖这个动作主要具有以下几种不同的含义：

（1）侥幸成功了。

（2）被逮到了。

（3）做了蠢事。

（4）感到心情愉快或者情绪激动。

（5）表示幽默或者调皮的意思。

比如说当一个不擅长投篮的人随意一投却意外投进了，这时围观的人可能会惊讶地露出自己的舌尖，说：“真幸运啊！”或者丈夫把米和水倒入电饭煲之后就离开了，妻子过了一会儿去看米饭蒸好了没有，却发现丈夫竟然忘了打开电饭锅的开关，经提醒后，丈夫为自己所做的蠢事露出了舌尖，顽皮地一笑。

与人交往过程中，当发现对方做出这样的表情，那么最好回想一下是否自己被暗算了，或者是不是有人做错了什么事。

手部小动作的心理暗示

人类的双手是极富创造力的工具，它能写能画，能打手势，能制作工具，还能帮助我们感受、衡量和改变身边的世界。它功能之丰富齐全，动作之细致灵活，是其他身体部位难以企及的。

不同的手部动作可以帮助我们传达出不同的思想和情感，也可以帮助我们感知到别人的各种情绪和欲望，所以，了解手部动作是解读非语言行为必不可少的内容。由于人的手部动作非常多，不可能在这里一一介绍，下面就简单介绍常见的一些手部动作。

1. 尖塔式手势

尖塔式手势的特点是：双手手指张开，将一只手的指尖与另一只手的指尖一一相触，手掌却互不接触，双手的形状就像高耸的尖塔一样，所以被称为尖塔式手势。

尖塔式手势是一种最具自信力的动作。很多地位较高的人在讲述自己的辉煌经历时都会不时地做出尖塔式手势，甚至会将这个“尖塔”左右挥舞。

有些人的尖塔式手势是经过改良的，如仅食指和拇指相触，其他手指则交叉在一起。

尖塔式手势在商务活动中，可以给客户传递一种自信的感觉，让客户感觉到你是专业的，并且有能力完成这项任务。法庭上的证人采用这一动作，会给陪审团的成员传递一种对自己的证词非常自信和肯定的信号。

在日常生活中，人们可以通过驾驭尖塔式手势来对周围的环境产生积极的影响，在表达观点的时候能够更加自信和胸有成竹。

2. 交叉式手势

交谈的过程中，当一个人对自己的观点产生动摇时，通常会摆出十指交叉的手势，这是一种常见的压力或焦虑状态下做出的手势，如同在进行祈祷一样。这种非语言行为的变化，可以精确地反映此人对事件不断变化的态度。

3. 竖起大拇指

十指交叉攥在一起表示动作的实施者缺乏自信，但是如果将拇指竖起来或者将竖起的拇指对贴在一起，含义就不同了。这个动作通常是高度自信的信号。

当一个人竖起大拇指时，表明他对自己的评价很高，或者对自己的思想或现状感到非常的自信。如果手指交叉，大拇指却消失了，则表明积极的情绪也相应消失了。

我们看到一些明星、政客都喜欢将手插进口袋，却将大拇指留在外面，这就是在向别人表明自己异于普通人的优越感。相反，如果将拇指放进口袋，而将其他手指留在外面，则是毫无自信和地位低下的表现，领导或者管理人员通常不会这么做。

4. 双手摊开

西方有心理学家曾说过："判断一个人是否坦率与真诚，最有效、最直观的方法就是观察其手掌姿势是否为双手摊开。"像大多数体态语言一样，这一举动有时是无意识的，有时是有意识的，但无论有意无意，它都使人预感到对方将要讲真话。

我们可能都见过这些情况，小孩们在撒谎或隐瞒真情时总是将其手掌藏在背后，或者做了坏事时，面对父母严厉的目光，小孩们常常将手插在衣兜里或两臂相抱将手掌藏起来。

由此可见，与他人交谈时你不时伸出双手摊开，能够使你显得更诚实更可靠。有趣的是，大多数人发现摊开手掌时不仅不容易说谎，而且还有助于制止对方说谎并且能鼓励对方坦诚相待。

5. 双手紧握

一般情况下，在庄重、严肃的场合宣誓时，要求人们必须要右手握拳，并举至右侧齐眉高度。有时人们在演讲或说话时握紧拳头，则是向听众表示："我是有力量的。"但如果是在有矛盾的人面前攥紧拳头，则表示："我不会怕你，要不要尝尝我拳头的滋味？"

由此看来，握紧拳头能给人带来力量和安全感。从另一方面来说，总是握紧拳头的人，也可能是内心缺乏安全感。他们的防御意识比较强，但没有侵犯他人的想法，只是随时在提防着别人的攻击。

6. 双手插兜

在一些销售员的培训课上，老师们会告诉推销员，当顾客双手插兜在看商品时，他此刻并没有购买的打算，只是抱着看一看的心态。而且他也不希望推销员过于热情地向他推销，过于热情的介绍反而会烦扰他。

7. "双手冻结"

相关研究告诉我们，诚实的人在说话时会很轻松——他不用考虑自己的谎言在被识破时的尴尬，因而面部表情和身体动作都很自然，说到兴奋处还会伴随着一些丰富的手势动作。而善于说谎话的人则恰恰相反，他们的手势动作和双手与其他事物的接触频率会大大减少。对于这种情况，我们将之称为“双手冻结”。由于这种变化受制于大脑的边缘系统，而不是思考的大脑。因此，这些变化比语言更可信，它们能告诉你说话者的真实想法。

联邦调查局探员乔·纳瓦罗在就一起婴儿谋杀案对婴儿的母亲进行询问时，发现这位女性在陈述自己发现凶杀现场的经历时，虽然痛哭流涕、几欲昏倒，表现得十分痛苦，但探员还是从她几乎冻结的双手上发现了问题。因为，当人们在描述真实的事情，更何况是如此可怕、痛苦的经历时，通常都会使用大量激烈的、说明性的肢体语言来确保对方能相信自己，让对方能感同身受，而这位母亲的表现显然有些异常。在经过一番调查和审讯后，最终这位女性承认是自己掐死了孩子，捏造了这起谋杀案。她的边缘系统的冻结反应限制了她的动作，同时也揭露了她的谎言。

8. 搓手

搓手这个动作从孩提时代就开始了，当你拿着一根巧克力棒或者其他有趣的玩具逗小孩，做出要给他们的样子时，你会发现，孩子会冲着你喜笑颜开，并且不经意地搓搓小手掌。

在成人世界里，如果一位总裁接到了一份大订单，他在会上鼓动员工大干一场时，也常常会搓手掌。还有人在下注、掷骰子、等待运动员出场时，也会搓手。搓手的动作会让我们感觉到，他知道并且期待即将到来的事情。

搓手掌最常见的心理密码就是，对某些事物抱有期待，而且这种期待是饱含自信的。这个动作的另一个含义是紧张不安，如那些初次登台演讲的人，他们不知所措，也常会搓手掌。

另外，当一个人处于怀疑或压力的状态下时，经常会用一只手的四根手指去摩擦另一只手的手掌。当这种压力增大时，就会突然变成十指交叉并上下搓动的手势。看到这样的信号，我们就知道对方正处于深切的忧虑或者不安当中。

9. 摩拳擦掌

摩拳擦掌，这个成语十分形象地描述出了一个人精神振奋、跃跃欲试、迫不及待的心情。

我们经常看到，在投骰子的时候，人们总是会把骰子放在掌心里反复摩擦，目的就是为了投出一个对自己有利的数字。

需要注意的是，摩拳擦掌这个动作，速度快慢也会有不同的解读。例如，你来到一家手机商城想要购买一款性价比高的手机，当你向店员提出购买意向后，店员一边快速地搓手，一边说："太好了，我这里正好有一款适合你的手机。"从这个动作中，你可以判断你将会是这笔交易的受益者。但是如果他说这句话的时候慢慢地搓手，那么他可能是隐瞒了什么，因为缓慢地搓手，是犹豫不决的信号，说明这笔交易的受益者可能是他，所以这种交易就要考虑一下再做决定。

10. 摸鼻子

摸鼻子是比较常见的一种微行为。

而当人们遇到一件难以答复的问题时，为了掩饰内心的混乱，人们会勉强找出一个答案应付，此时，也会有摸鼻子的举动。心理学家指出，当人们在说谎时，会分泌一种荷尔蒙激素，引起鼻腔细胞组织充血，导致手会很自然地挪到鼻子上，摸它、揉它、捏它，甚至挤压它，所以，这个动作也是鉴定对方是否在说谎的一个辅助手段。

嫌疑人："我真的是向老张借钱，准备开油漆店。"（摸了摸鼻子）

助检员："拿到钱后，你开店了吗？"

嫌疑人："没有，因为没找到合适的店铺。"（摸了摸鼻子）

……

这是某检察院工作人员在进行一起案件笔录时，与犯罪嫌疑人进行的谈话。而短短几句话，犯罪嫌疑人摸了两次鼻子，足以说明他在撒谎。

除此之外，导致人们摸鼻子的原因还有很多，比如有时候只是由花粉过敏、感冒或眼睛压迫而感到不适引起的。

11. 摸下巴

与人交往过程中，我们经常会看到有人用手触摸自己的下巴，身体语言专家认为，这是自我安慰的表现。当一个人丧失自信，或者感到紧张、孤独、尴尬时，往往就会通过抚摸下巴的方式来掩饰内心不安。

那些正处于思考中的人也总是会不自觉地抚摸下巴。例如在演讲的过程当中，如果很多人都用手托着下巴，并且身体向前倾斜，眼神专注地看着讲话的人，那么这标志着听众对演讲的内容很有兴趣。而如果听众在演讲的过程中将一只手放在脸颊旁边或者下巴的位置上，大拇指与其他四指分开，捏着脸颊或者下巴并轻轻摩擦，则说明此刻听众不止是在听，还在思考讲话者所说的内容是否正确。那么接下来如果继续观察听众的动作变化，就可以判断他们对演讲者的话是持肯定还是否定的态度了。

12. 摸耳朵

摸耳朵这一微行为所代表的含义主要有三种：

首先，一些人在感到紧张的时候，会下意识地抚摩自己的耳朵，以此来排遣自己的紧张情绪。比如，在被他人说中内心所想的时候，有的人就会面露尴尬之色，有些不安地搓搓自己的耳朵或者拉扯耳垂。

其次，摸耳朵有抗拒、反对之意。比如，两个人在交谈的时候，有一方反复搓摩自己的耳朵或将自己的耳郭折向面庞，这些动作有“非礼勿听”的意思，言下之意就是他已经听够了，不想再听下去了，期盼能够立即停止这场交谈。当然，还有可能是他想由聆听者转变为讲话者。

最后，摸耳朵也有说谎的意思。比如，你提出一个观点后询问他人的意见，对方用手摸了摸自己的耳朵，然后回答说：“这个嘛……我觉得挺好的！”那么，此时请不要相信对方所言是发自内心的。因为有研究表明，一个人如果在表达意见的同时触摸自己的耳朵，说明他此时所说的话是言不由衷的。

另外必须说明的是，说话时喜欢摸耳朵的人通常心思超级细腻，甚至有些敏感。有时别人认为是鸡毛蒜皮的小事，在他们看来就是大事。

手臂姿势是真实情感的发送器

手臂的活动是非常丰富的，因为相对于其他身体部位而言，手臂的反应是最为灵活的，它们可以十分自如地上下左右挥舞，准确地传达出人们内心的喜怒哀乐。

在心理学家看来，手臂的动作能够提供可信的非语言线索，让我们准确地了解人们的思想、意图或情感，因此曾在美国联邦调查局工作的乔·纳瓦罗将手臂称为名副其实的情感发送器。

1. 手臂的防御性本能

手臂能够在我们遇到危险时，本能地挡在身前，以保护我们免受致命的伤害。

乔·纳瓦罗在美国联邦调查局工作时，就曾经见过有个人用手臂阻挡子弹。虽然我们都知道这一举动并不能将子弹挡在体外，但是出于自我保护的本能，那个人的手臂还是下意识地抬了起来，并准确挡住了飞来的发射物。

同样，在拳击比赛中我们看到，拳击手往往会用手臂来抵挡对方的打击，而在手臂保护区域内的胸腹部和头部都可以免受重创。

手臂的这种主动防御功能也体现在人们的思想、感觉和意图上，当我们受到伤害、威胁或虐待，或者当我们感到忧虑时，我们的手臂都会收紧在身体附近或将双手合于腹部等。乔·纳瓦罗认为，收回手臂是一种自我抑制的行为，这种行为不仅能保护我们，还可以给我们一些安慰。

例如当我们胃疼的时候，我们会将手臂收缩到胃部，去安抚疼痛，这种情况下，手臂不会向外伸展，因为我们的边缘系统要求它们尽量不要远离，以随时满足安抚疼痛的需要。

2. 手臂挥动

挥动手臂是一种幅度比较大的动作，容易给人留下比较鲜明的视觉印象。挥动手臂是高兴的信号，也可以代表赞同、满意、鼓舞、号召等意思。

我们可以想一想运动赛场上分出输赢之后的场景，获胜的一方总是会高高举起手臂挥动，以表达兴奋和喜悦之情，这是全世界都通用的庆贺方式。

通常，人与人之间打招呼时也会采用挥动手臂的动作，而且挥动手臂的频率可以反映打招呼者内心情感的强烈程度。如果你看到对方的手臂在空中用力地来回摇动，那么说明他很高兴见到你；如果对方的手臂挥动得软弱无力，那么对方内心可能并不是那么的高兴。

另外，挥动手臂不仅能看出一个人的心情，还能够窥测出他的性格。习惯在讲话的过程中使用这种动作的人，往往是性格开朗、自信、不拘于形式的人。

3. 手臂下沉

手臂下沉通常伴随着肩膀的下沉，这是消极情绪的信号。当我们的大脑接收到消极信息的时候，我们的身体就会随之松垮下来。这种行为在我们接到信息的第一时间就会准确地表现出来，而且在人与人之间互相感染。

例如足球比赛当中，球队进球，人们会立刻举起手来欢呼，而当裁判宣布进球无效时，看比赛的观众肩膀和手臂会立即沉下来，以示沮丧。

4. 张开双臂

张开双臂是人们处于紧张或恐惧状态时，缓解不良情绪的有效方式，以此让自己变得开放、诚恳起来。张开友好的手臂并不是要求你去主动拥抱对方，而是在与人交谈的过程中，尝试打开手臂，手心向上，慢慢地，我们就会感觉到紧张情绪逐渐被放松情绪代替了。

有时候，张开手臂也是在声明自己的主导地位。心理学家认为，温和的人总是会拉紧自己的手臂；而强壮有力、愤愤不平的人则会伸展手臂来宣称自己的领地。比如，他们会大大地张开双臂，然后将双手按于桌面之上，以此来表达自己的自信和权威。

我们常常看到在一些激烈的争论过程中，人们的双手会张开，似乎是在扩展自己的领地，它表明了动作的实施者对话语权的需求。

5. 双手背在身后

人们通常会把双手背在身后这一动作解读成对方正在进行思考，但事实上，这个动作所传递出来的真正信息是——请不要靠近我，我的地位很高，不容亵渎。仔细观察不难发现，在日常生活中，警察、老板、领导干部等具有权威地位的人常会用这样的行为来与人们保持距离。而经常采用这一动作的人通常充满自信，给人一种镇定自若的感觉。

但是如果双手背在身后，呈一只手抓住另一只手腕或胳膊的姿势，那么就有不同的含义了。这是一种控制情绪的姿势，说明此人的内心处于紧张的状态，手握的位置越高，说明紧张的情绪越浓。

6. 双手叉腰，打开双臂

双手叉腰、打开双臂的动作通常有两种，一种是四指在前，拇指在后；一种是拇指在前，四指在后。

这两种动作所传达的意义是不同的。前者是一种声明统治权或维护权威的动作，例如在两个人争吵的时候，人们都会采用这种姿势。而后者所传达的意义则要结合胸肩部的姿态来解读：如果胸肩挺立，那么所传达的意义多是一种成功者的“意气风发”，如果沉肩含胸则传达的是感到好奇或感到劳累等意思。

7. 双手抱头，打开双臂

还有一种动作也与双手叉腰的动作一样，是声明统治权的动作，就是双手抱头，打开双臂。如果一个人身体后倾、双手交叉抱于脑后、手臂朝两边大大地伸展开，说明他在目前的环境下处于支配者的地位。比如，在会议开始之前的等待时间里，中层管理可能会在自己的下属面前做出抱头的动作，一旦高层领导到来后，他会立即将手收回，因为他不再是该环境下的最高支配者了。

8. 双臂交叉抱于胸前

双臂交叉抱于胸前的动作表示防御。常见的双臂交叉抱于胸前有两种表现形式：双臂握拳交叉和双臂抓握交叉。两者之间有细微的区别，所表达的意思也有所不同：双臂握拳交叉，代表明显的敌意；而双臂抓握交叉，表示渴望安全感。

9. 女性单臂交叉

女性有时会将单臂抱在胸前来缓解紧张的情绪，也就是用一只手臂抓住另一只手臂。尤其是当男性稍微靠近时，有这一习惯的女性就会将单臂抱于胸前，将自己和面前的男人隔开，有时甚至会下意识地退后一步。如果看到这样的举动，男士们就要注意和对方拉开一定的距离，以免让对方感觉到被冒犯。

10. 男性护短式握臂

女性的敏感部位在胸部，所以她们习惯于将手臂抱在胸前来保护自己，而男性的敏感部位则在生殖器部位，所以男性常常用护短式握臂姿势来代替拥抱的行为，进行自我安慰和保护。

所谓护短式握臂姿势具体是指：将双手握住，然后自然下垂，放在身前，双手自然下垂的位置恰好是能护住下体的位置。

护短式握臂姿势是在着力保护男性最脆弱和最易受攻击的部位，这个保护性的动作可以使他们的紧张情绪得到缓解。

腿和脚是最诚实的情绪表达者

心理学研究表明，腿和脚是身体部位当中受边缘系统控制最有力的部分。因此，腿和脚的表现也比身体其他部分更能准确地表达人的真实情绪。语言、表情等功能可能会受到大脑的精心加工，而腿和脚的活动就没有那么容易受控制了。下面就介绍一下如何通过观察他人的脚部和腿部动作来揣测他们的情绪和意图。

1. 双腿抖动

对双腿抖动这一身体语言的解读离不开具体的情境。在放松的环境中，抖动双腿是得意、轻松的表现，例如和朋友一起聊天，或者看着轻松的电视节目时，有抖腿习惯的人会不由自主地抖起腿来。

如果你留心观察打牌的人，发现有人双脚在桌子下不停地摆动或颤抖，那么就可以发现对方此刻内心非常高兴，即使他的上半身表现得十分镇定，表情也很淡定，但抖腿的动作说明他多半是抓到了好牌，如果此时下赌注，你很可能就会输钱。

当一个人等待面试或者等待诊断结果时，不停地抖动双腿，甚至伴随着双手在腿上“弹钢琴”的动作时，则表明这个人的情绪是紧张而非怡然自得的。这种情况下的抖腿动作和不停地深呼吸一样，是内心紧张急躁的表现。

联邦调查局的探员曾经审讯过一名女子，她可能是一宗重大犯罪案件的参与者。审讯几个小时下来，女子拒绝承认，也并未透露丝毫有价值的信息。

但是一名经验丰富的探员注意到，在冗长乏味的审讯过程中，女子的腿一直在摇动，这个动作是常态的。但是当审问人员询问到：“你认识克莱德吗？”这个问题时，她腿上的动作突然从左右晃动变成了上下踢动，这个细微的变化却成了推动审讯进程的重要线索，它明确地告诉探员们，这个名字与这名女子之间存在着不同寻常的联系。它的出现刺激了女子的大脑，使得她产生了负面的情绪，导致抖腿的动作发生了细微的变化。在接下来的审讯过程中，探员频频用这个名字进行发问，有时是突然性的，最终那名女子败下阵来，交代了这个名叫克莱德的人曾经让她卷入到一宗盗窃案中的全部事实。

当一个人的腿部动作从左右摇动变为上下踢动时，证明这个人一定遇到了什么不高兴的事情。这种下意识的行为是十分可靠的。

2. 双腿交叉

人们交叉双腿是一种思维的反应，它分为两种情况：

第一种情况是两腿很轻松地互相交叉在一起，有时候是一条腿伸直，另一条腿弯曲，只用脚尖点地。这种动作通常是表示放松和自信，一般情况下，当人们在社交当中处于高度舒适的状态时，就会做出这种姿势；或者我们在别人面前感到自信时也会将双腿交叉。例如，我们看到一些电影当中的男主人公，会在女性面前交叉双腿，斜靠在墙上，显得很镇静、很自信，以此来吸引对方。

如果看见两个人在交谈的时候都将双腿交叉，我们就知道他们的关系很好，彼此都感到很轻松。而一旦有陌生人或双方不喜欢的人突然出现时，那么交叉的双腿就会立即恢复常态。

第二种情况是两腿的膝盖并拢，脚脖子紧紧交叉，解读它的含义需要结合具体情境。通常人们在需要去卫生间的时候会有这个动作，这表明此人很紧张，或者感到不舒服。日常生活中出现这种姿势表示有压力或缺乏安全感。在聚会的场合，那些让双臂和双腿保持交叉姿势站立或坐着的人，往往是内心焦虑不安的人。

3. 跷二郎腿

跷二郎腿的动作很多人都会做，这个姿势通常都是很舒服或很自信的表现，但有时也是在故作深沉。

跷二郎腿不是男人的专利，女性也会跷二郎腿。但是优雅的女性会将两条腿贴紧，这也是自信的表现，同时也显示她们内心有比较强烈的企图心，想要自己独当一面，她们既能在男人仰慕的目光之下轻松展示出自己的魅力，又不会轻易地向某一个男人付出真心。

跷起二郎腿或者舒服地靠在椅子里，将脚踝架在另一条腿的膝盖上，甚至用脚底对着他人或是将双脚放在桌子上，这种姿势在上司面前是失礼的，因为它挑战了上司的权威，容易引起反感。大多数人在上司面前都会小心谨慎地坐下去，并且看上去有略微的拘谨，因为我们如果要对上司表示敬畏，就不能在他面前表现得比他还安逸。

如果一个人经常跷标准的二郎腿，多半可以认为这是一种神经质、戒备或矜持心理的表现。

4. 双腿分开站立

我们经常看到警察、领导等拥有权力的人会将双腿分开站立，这种人往往很有信心处理好自己所面临的困境，他们张开的双腿就像是在为自己宣示领地，同时给对手以威吓。这种用腿和脚来表现权威和领地的方式，在狭小人多的空间最能体现出人的心态。例如，在电梯里，信心十足、地位最高的人，比如主管，会将双腿分开站立；而谨慎的人，比如助理，则会将双腿并拢，只占据尽可能小的空间；没有利害关系的人，则会采取双腿交叉的放松姿态。

5. 脚踝相扣

脚踝相扣的动作与双脚交叉的动作是连贯的，它是一个人正在努力克制某种情绪或隐藏某种信息的信号。

一般接受审讯的犯罪嫌疑人欲言又止的时候会做出这种动作，这表明他们正在克制某种情绪，可能是已经有了重大让步的打算，但是仍在竭力克制自己做出这一决定。这种时候，只要稍加诱导，让对方松开自己的腿脚，对方就可能会做出让步。

一家博物馆发生了盗窃案，馆中丢失了一件贵重的古董花瓶。案发现场没有发现丝毫的线索。于是，联邦调查局的探员就让博物馆里的两名管理员来分别讲述盗窃前后的情况，期待从他们的叙述中有所发现。

管理员丹尼斯和戴维都表示两人一起离开了展厅，丹尼斯接到戴维的通知才知道花瓶失窃，所以就立即赶来了。而戴维说中途想起有一本书忘在展厅里就赶回来取，发现花瓶消失了，所以就报了案，从他俩的叙述中，探员并未得到有用的线索，但是细心的探员发现，管理员丹尼斯在回答问话时将脚踝紧紧相扣，并微微抖动，这是说谎时紧张的标志。于是探员对他产生了怀疑，并对他采取了一定的侦讯工作，最终证实他的确就是盗窃者。

身体语言专家发现，谈话对象脚踝相扣时，内心就产生了“咬紧牙关”的潜意识。在压力和恐慌感的刺激下，彼此相扣的双脚往往会挪到椅子底下去，同时还表现出一言不发的态度。

据说某公司的员工每天都要接到很多客户打来的电话，有的客户态度粗鲁凶悍，所以他们需要用某种方式来训练自己，以控制情绪，避免与客户发生冲突，而使用脚踝相扣的坐姿就是控制情绪的一种有效方法。

6. 双脚转向

一般而言，人会将自己的身体特别是腿脚正面朝向自己喜欢的人或事，而遇到不喜欢的人或事时，腿脚会本能地先于身体改变朝向，下意识地避开自己不喜欢的人或事。如果一个人将双脚转向，说明他想要离开当下所在的位置，这是一种比较清楚的寻求解脱的信号。

朱莉是一家公司的人力总监，在一次面试当中，她遇到了一位各方面条件都很优秀的面试者。面试过程中，他们两人交流得非常愉快，但在谈及薪金待遇时，她发现这名面试者的一只脚突然转变了方向。她意识到，对方可能是对她提出的薪酬并不满意。由于人才难得，朱莉便又提出了公司有海外培训的机会、优秀的升职体制等条件，就在这时，她发现面试者的那只脚又缓缓地转了回来。

脚的方向转移是一种意图线索，我们在生活中只要稍加留意，就能借此发现一些他人的微妙情绪。

与这一动作所传达的信息相同的动作还有抱紧膝盖。在谈话中，如果有一方双手按住膝盖并将重心放于脚上，这说明他想要起身离开了。这是一个十分清楚的信号，如果你的谈话对象做出这样的动作，你就要懂得适时终止这次谈话，切勿拖延。

7. 脚跟着地，脚尖上翘

很多人认为脚跟着地、脚尖上翘是一种无关紧要的动作。但实际上，如果有人做出这样的动作，说明他当时的心情很好，或者是遇到了让他感到快乐的事情。如果对方不但做出了这一动作，而且还不时地有脚尖点地，就像在打节拍一样，那么说明对方情绪很高昂，并且已经到了无法抑制的地步。

8. “双脚冻结”

两个人在聊天中，如果其中一个人本来在不停抖动或摆动自己的双脚，却突然停了下来，这说明他受到了打击或者感受到了较大的压力，比如他听到了一些刺痛他的话，或者听到了一些不愿意让别人知道的信息。“双脚冻结”的情形和“双手冻结”的情形一样，都受制于大脑的边缘系统，而不是思考的大脑，这是一个人在面对危险时的一种本能倾向。

与这一动作所传达的信息相同的动作还有将双脚隐藏起来，比如将脚从椅子前方收回到椅子下面，将双脚缠绕在椅子腿上等，这都是大脑的边缘系统遇到威胁时的一种反应。

从“走姿”看性格

从“走姿”观察人，世界各国古已有之。走路的姿势是一个人从小到大逐渐养成的，它绝对反映一个人的性格和修养。观察一个人怎么走路，你肯定会有所收获，并且觉得生活真是妙趣横生！

1. 步伐急促

他们不管有事还是无事，不管去办事的地点远还是近，即使他有的是时间，走路时仍旧总是急急匆匆，两脚掌翻得特别快，生怕误了事一样。这类人是典型的行动主义者，大多精力充沛、精明能干，敢于面对现实生活中的各种挑战。

如果你的下属里有这样的人，对他说你再怎样怎样我会开除你的话，他会若无其事地继续干下去，一定让你气愤不少。对于这种人，应该努力发现他们的优点，他们适应能力特别强，尤其是凡事讲求效率，从不拖泥带水等。

如果你去让他给你完成某项工作（不要带威胁的口气），他一定会在最短的时间里使你满意。他们的另一个特点是敢于承担责任。因此，很多人愿把他们作为可靠的朋友，其实就算“终身”委托于他们也一定不会错。不过在这个问题上你得有所准备：他们十有九个不会陪你散步。如果硬是要这种人陪你出去溜达一番的话，别忘了给他手臂抱紧一点，不然你只有坐三轮车追他。

2. 步伐平缓

这类人走路时总是一副慢腾腾的样子，就如人们常说的“生怕踩死蚂蚁”的东郭先生一样，你无论说得如何急他都毫不在乎似的，这是典型的现实主义派。他们凡事讲求稳重，“三思而后行”，绝不好高骛远，“癞蛤蟆想吃天鹅肉”的情况绝对不会发生在这种人身上。

如果他们在事业上得到提拔和重视的话，也许并不是他们有什么“后台”，而是他们那种务实的精神给自己创造的条件。

这类人的观点是“眼见为实”，因此他们一般不轻易相信别人，不知道这是他们的优点还是弱点，但把他们作为朋友一定相当不错，因为他们特别讲信用、守承诺。不过要是你属于经常撒谎的人的话，最好别和他来往。否则有朝一日，他发誓一辈子都会忌恨你。

3. 身体前倾（不包括老态龙钟之辈）

有的人走路时习惯于上身向前微倾，倒并不是因为他们走得较快需用身体来平衡，相反他们大多数的步伐还非常平稳。

这类人的性格较为温柔和内向，见到潇洒的男性或漂亮的女性时多半要脸红，但他们为人谦虚，一般都有良好的自身修养，女性则属于旧时“大家闺秀”之类的。

他们从不花言巧语，非常珍惜自己的友谊和感情，只是平常不苟言笑，与人相处也是一副“借他米还他糠”的冷漠样，很难与人来往。但一旦成为知交则至死不渝，尤其在恋爱或婚姻出现分歧、决裂时，他们总是抱着“宁肯他（她）负我，我绝不负他人”的观念。也因此他们时常对生活感到厌倦，因为较之其他类型的人来说，他们总是受害最多，而且不愿向人倾诉，一个人生闷气。

4. 走路摇摆

一般说来，这种“行态”多出现在女性身上，不然就是喝醉了酒或者装疯卖傻，故意摇摇晃晃、歪天倒地的样子，当然也可能是“神经病”。这类“走姿”的人看似行为放荡，但她们待人热情诚恳，处事坦荡无私，本性心地善良，很容易与人相处，大凡社交场合总是她们的天下。

如果能忘记这种人走路的形态与她交往，她总会乐意帮助你解决你意想不到的问题和困难，而且不需要你的感谢。

日常生活中她们总爱出风头，经常不知是有意还是无意地取笑别人，谈话时总是“口无遮掩”，但她们对爱情和婚姻却相当谨慎。

5. 昂首挺胸

走路时抬头挺胸，大踏步地向前，充分显示自己的气魄和力量，当然给旁人难免有一种高傲的感觉。

这类人爱以自我为中心，淡于人际交往，不轻易投靠和求助别人，哪怕他碰到自己根本就无法解决的事情也是这样。他们思维敏捷，做事条理性强，考虑问题比较全面。也许不是很复杂的一件事情，他们也时常为自己拟定一份计划。

他们习惯于修整仪容，衣履整洁，时刻使自己保持着完美的形象。无论是逛街还是访友，出门前他们总喜欢在镜子前端详一下自己，“头发是否零乱？发型是否完整？衣服是否平整？皮鞋是否光亮？”等等。

这类人的最大弱点是羞怯和缺乏坚强的毅力。经常看到他们有很多宏伟的计划，却很难发现他们成功的事业，加之个性羞涩，难以主动与人交往，时常不能充分发挥自己的能力。于是他们时常有一种“黄金埋土”的感觉。这种人还极富组织力和判断力，可惜他们时常说得多做得少。“说话的巨人，行动的矮子”，多数都是这种人。

6. 军事步伐

走路如同上军操、步伐齐整，双手有规则性的摆动，在我们看来非常做作，但他们却感觉这样协调。这种人意志力较强，对自己的信念非常专注，他们选定的目标一般不会因外在环境和事物的变化而受影响。

这种男人往往最让女人喜欢也最让女人讨厌，因为他们一旦看上某个女人，就会非缠到手不可，只要你答应他，他愿意每天拉着人力车来接送你。

这类人如果能充分发挥自己的长处，一定收效颇丰，因为他们对事业的执着是其他类型的人不可比拟的。但如果你的上司有这种人的话日子可就不好受了，很多时候你会“吃不了兜着走”，因为他们一般都比较“独裁”，而且有时候甚至会不惜牺牲任何东西去达到他个人的理想和目标。

7. 罗圈腿式

这种内八字式走路的人，显得滑稽可笑，永远是副憨实厚道的样子。但这种人在厚道的外表下，并不显得沉静，只留意生活中的细节。事事喜欢按部就班地进行，如果有突发事件发生就会大乱阵脚而显得手脚无措。

如果你是这类人，你就会为自己感到难过。但你确实不能看清自己，不能明白其实你最需要增强内在的抵抗力。

你的形象注定了你不会标新立异，你情愿跟着潮流走。当别人把一定的权力交给你，而使你成为众人注目的焦点时，你就会感到浑身不自在而烦躁不安，因为你只追求平淡的生活。

在财富方面，你并不是个金钱至上的人，但在用钱方面，你却相当慎重，购买任何东西之前，都要反复思考一番，或许有人会认为你是吝啬鬼，但你依然我行我素，不会因为别人评论而改变自己的一贯作风。

当你知道自己是属于这类人时，你可能对自己的性格感到绝望透顶。所以，这时你需要安慰。

没有哪种人的个性是完美的，你应该清楚地认识这点。

显然你的憨厚形象就决定了你是一个能照顾别人的好人。你会在别人遇到困境时，拿出你珍藏很久的东西与别人共享。

与你打交道的人都会觉得你是个容易相处的人，因为你在别人眼里并不是个斤斤计较的人，你的原则是得过且过。

8. 大踏步式

能经常采用这种方式行走的人，很显然是情绪急躁的人。这类人为人豪爽，无拘无束，处理事务极富弹性。此类人在做事时，往往起带头羊的作用，能想到什么就马上去干。你是不是很想成为这样的人？

因为豁达而不拘小节，人们一般都不讨厌这种人，干事利索，说干就干，这种大将风度也让人钦佩。

你肯定会为自己拥有这样的个性而骄傲，你所赢得的尊重是来自与生俱来的性格，所以你从不模仿别人，在不违背大原则的情况下，你完全能够自由发挥。

人们都欣赏你的办事能力，而且一般都愿意和你共事，这也是对你能力的肯定，而且多半人认为你是个天才。

实际上，别人看不到你在做任何一件事之前，进行过缜密周到的计划和安排，所以你总是能出其不意地办好别人认为难办的事。

总的说来，你有健康的体格和良好的心理素质。精力充沛是你干任何事都采取主动的最大条件之一。

所以，在实际生活中，你很容易被别人奉为领袖人物，因为在很多场合，有你的存在，而使得沉闷的局面出现活泼情调。

同时，你又容易招致一些人的忌恨，但你总是能以豁达的态度，使之悄然化解。

由于你过急的行为和节奏，使你很看不起那些办事拖拉的人。你经常以说教者的面孔指责这类人，毫无容忍和爱心。这是你致命的缺点。

你希望自己是个不拘小节的人，你确实能成为这样的人，既有先天的因素，也有后天的培养。你的个性和气质颇佳，总是能被委以重任。

9. 碎步式

如果一个男性用这种方式行走，那就基本可以确定此人带有女性化，这对一个男人来讲是相当糟糕的。

要想观察这类人的隐秘内心是很困难的，他们从不外露、形为乖戾、躲躲藏藏，有着兔子式的生活方式。

也就是说，只能从他细微的外在行为中，了解他、观察他。抓住他的每一个跳跃性行为，才能阐释他的性格特征。

从你走路的姿态上知道，你很腼腆，不合群，你说话的声音并不浑厚，甚至是尖厉。

你为自己的这些女性特征而感到羞愧，所以他很难出入社交场合，给人的感觉总是郁郁寡欢。

在生活上相当克制自己，有时带有残酷性。不允许别人走进自己的生活。热爱整洁，对自己周边的事物会很细心地打理。

在衣着方面不偏不倚，从不突出自己的个性。从不试着打入别人的圈子，同时，也不允许别人走进你的内心世界。除非这个人非常了解你或有同样的生活习性。

在你的性格方面，有一个显著的特点：那就是当你习惯了用某种方式去做一切事情时，即使有干扰也不会轻易改变。

当你一旦发觉有人引起你的反感时，你会一直讨厌他，即使环境如何改变，或者对方如何改变自己的态度，你都会坚持你的看法。

在友情上，你只有为数不多的朋友，而且都是相识很长一段时间的朋友，因为你不是那种随便结交朋友的人。

你对你所要结交的人会进行仔细观察，你担心别人不会尊重你，甚至会在言词上伤害你，所以你希望对方和你有着共同的情趣和嗜好，然后才决定他是否可以成为你的朋友。

很多不了解你的人，认为你过于保守、偏激、愤世嫉俗，而且还在一定的程度上孤芳自赏，但你自己很清楚，其实你不过想守着一些别人不能理解的原则做一个真实的自我。

从习惯性动作看性格

我们常说某人举手投足风度怎么怎么样，其实，风度后面，确实能看到此人的心态、性格。

1. 摇头晃脑

日常生活中我们经常看到用“摇头”或“点头”，以示自己对某件事情看法的肯定或否定。但如果你看到一个人经常摇头晃脑的，那么你或许会猜测他不是得了“摇头病”就是神经病了。

我们撇开这种看法而从体态学的角度来看的话，这种人特别自信，以致经常唯我独尊。他们也会请你帮他办事，但很多时候你做得再好他都不怎么满意，因为他有自己的一套，他只是想从你做事的过程中获取某种启发而已。

他们在社交场合很会表现自已，却时常遭到别人的厌恶，对事业一往无前的精神倒是被很多人欣赏。

2. 拍打头部

这个动作多数时候的意义是在向你表示懊悔和自我谴责，他肯定没把你上次交代的事情放在心上，如果你正在问他“我的事情你办了没有”见他有这个动作的话，你不用再问也不用他再回答了。

倘若你的朋友中有人有这样的动作，而他拍打的部位又是脑后部，那么我想直言告诉你，这种人不太注重感情，而且对人苛刻，他选择你作为他的朋友，很大程度上是因为你某个方面他可以利用。当然，他也有很多方面值得你去交往和认识，诸如对事业的执着和开拓等，尤其是他对新生事物的学习精神，你不由得从心底真心地佩服他。

时常拍打前额的人一般都是心直口快的人，他们为人坦率、真诚，富有同情心。在“耍心眼”方面你教都教不会他，因此如果你想从某人那儿了解什么秘密的话，这种人是最佳人选。不过这并不是说明他是一个不值得信赖的朋友，相反，他很愿意为别人帮忙，替别人着想。这种人如果对你有什么得罪的话，请记住，他们不是有意的。

3. 边说边笑

这种人与你交谈你会觉得非常轻松和愉快，他们不管自己或别人的讲话是否值得笑，有时候连话都还没讲完他就笑起来了。他们也并非是不在意与别人的交谈，我们只能说这种人“笑神经”特别发达。

他们大都性格开朗，对生活要求不苛刻，知足常乐，而且特别富有人情味，无论走在什么地方，他们总是有极好的人缘，这为他们开拓自己的事业本来是极好的条件，可惜这类人大多喜爱平静的生活，缺乏一种积极向上的精神，否则这个世界很多东西都该属于他们的。

他们的另一特点是感情专一，对爱情和婚姻特别珍惜，如果你是他（她）最心爱的人，他可以为你牺牲一切，但如果你让他（她）伤心透顶，他们则可能把你从高楼上推下去或者在你熟睡后把你宰了，因为他们大都主见性不强。

4. 边说边打手势

这种人与人谈话时，只要他一动嘴，一定会有一个手部动作，摊双手、摆动手、相互拍打掌心等等，好像是对他说话内容的强调。他们做事果断、自信心强，习惯于把自己在任何场合都塑造成一个领导型人物，很有一种男子汉的气派，性格大都属于外向型。

这类人去演讲一定会有煽动力，他们良好的口才时常让你不信也信。他们与异性在一起时表现尤其兴奋，如果这种人是男性，则总是表现出他“护花使者”的身份。

这类人对朋友相当真诚，但他们不轻易把别人当作自己的知己。踏实肯干的性格使他们的事业大都小有成效。

5. 表里不一

当你给某人递烟或其他食物时，他嘴里说“不用”、“不要”，但手却伸过来接，显得很客气的样子，这完全是假装客气。这种人处事圆滑、老练，不轻易得罪别人，哪怕他恨不得让你早点死，但与你见面时依然会对你友好地微笑。

他们大都生性多疑，且喜欢自作聪明，经常被别人骂之为“有毛病”。

这类人一般比较聪明，爱好广泛，时常把爱情视为儿戏，但他们一旦爱上一个人，就很难摆脱感情的束缚。

6. 交谈时抹头发

如果与你面对面坐着或站着，这种人总要时不时地抹一抹头发，好像在引起你对他们发型的兴趣，今天肯定特意梳整了一番，其实不然，因为这种人就是一个人独自在家看电视，他也会每隔三五分钟“检查”一下头发上是否沾上了什么不好的东西。

他们大都性格鲜明，个性突出，爱憎分明，尤其疾恶如仇。倘若公共汽车上有小偷，而乘客都是这种人的话，那个小偷一定会被当场打个半死。他们一般很善于思考，做事细致，但大多数缺乏一种对家庭的责任感。

他们对生活的喜悦来源于追求事业的过程。这句话听起来有点玄乎，不过仔细想来你就会明白，喜欢拼搏和冒险的人，他们是不在乎事情的结局的。他们在某件事情失败后总是说：“我问心无悔，因为我去干了。”

7. 摆弄身上的饰物

这种情况可能会让你联想起你第一次约会的情景，你们站着或坐着，你（姑且把你当作男性）的女朋友总是时不时地摆弄一下她手里的东西，或者衣物上的扣子、装饰品，这说明她对你太认真了，以致不敢轻易接近你。这种情况毕竟是在特定场合，我要分析的是有这种习惯的人，记住，一定要是“习惯”摆弄身上的饰物。

的确，有这种习惯的人多数是女性，而且她们一般都比较内向，尤其感情不外露，谈恋爱时哪怕心中烧得像一团火，她仍然淡淡地看着你。这种人情绪容易波动，只是很少让人察觉。

她们的另一个特点是做事认真，大凡有座谈会、晚会或舞会，人们全都散了、走了，最后把桌凳归还原位的一定有她们。作为妻子，肯定是位贤妻良母。

虽然她们时常被人看作胆小鬼，但她们一旦被人激怒，则去刺杀总统也有可能。

8. 挤眉弄眼

在两人世界也好，在大庭广众之下也好，他们都肆无忌惮地挤眉弄眼，有时候他们也并非是在调情或相互勾引。这种人确实太轻浮或缺乏内涵修养，在恋爱和婚姻上也总是喜新厌旧。虽然他不一定会跟“原配”离婚，甚至还可能对结发妻子“相当好”，那只不过是他们的自尊心在作祟而已。

这类人特别会处理人际关系，尽管他们十有八九都略显高傲，但因为他们的处事大方为其掩盖了很多不足。在事业上他们善于捕捉机会，深得领导的赏识。

如果你现在在你单位上“混得不怎么好”，那么我向你推荐这种人，他们可以称得上“拍马屁”的“祖师爷”，他们出道以来，从没听说有谁“拍在马腿”上的，不信你可以四处打听一下。

9. 掰手指节

这种人习惯于把自己的手指掰得咯嗒咯嗒地响，不管有人无人，有事无事。如果你心烦意乱时听到这种响声一定极不舒服，真心想揍他一顿不可，无奈他是你的朋友。

这类人通常精力旺盛，哪怕他得了重感冒，你叫他去参加他平常最喜爱的活动，他同样会从床上爬起来。他们还很健谈，喜欢钻“牛角尖”。

这是一类典型的多愁善感型，而且是出名的“情种”，只要是异性，他们可能只相处一两次就会爱上。

这类人对事业、工作环境很挑剔，如果是他喜欢干的，他会不计较任何代价而踏实努力地帮助你；相反，他不当众出你的丑，也一定会暗地里甩你的“冷板凳”。

10. 吐烟圈

一提到“烟圈”，不要认为只有男性才有这种习惯动作，很多女性，哪怕她是第一次抽烟，她也可能学着这样做，其实这个动作延伸的姿势还包括用鼻子喷烟。

这种人明显的特点是做事优柔寡断。你们昨天约定好了今天要去某个地方旅游，或者到某家作客，或者一起去干别的什么事，当你叫他时，他一定会说：“慢着，考虑一下”，其实什么事也没有。在爱情方面表现为“藕断丝连”。我并不是说这有什么不好，不过这肯定不是一种理智人的行为。从这点还可断定，他“生来就不是做官的料”。

这种人接受能力强，反应快，在当今社会，如果能全心投入策划或创意方面的事业，肯定会大出风头。

记住，强烈的叛逆个性并不是坏事。

11. 死死地盯住别人

在与你谈话时目不转睛地看着你，有时候你的心都被他看得颤抖。在聚会上，这种人也常常盯住一个人不放，而他并非是看上了某个人。

这种人的支配欲望特别强，而大多数的时候他们确实又都有某种优势，因此只要有机会，他们就会向你显示自己。怎么说呢？这种人占不到天时地利就一定能占到“人和”。他们的行为时常看起来像花花公子（很多时候是事实），但有一点值得肯定，他们一旦选定了人生的目标就一定会去努力。

这种人不喜欢受约束，经常我行我素。另一方面，他们比较慷慨，因此他们周围总是有一些相干和不相干的人在一起。自然，有真心的，也有看中“酒肉”的。

12. 找角落

十之八九，这种人属于自卑型。他们参加各种会议或聚会，总是找最偏僻的角落坐下，不过要排除那种昨天通宵达旦，今天想找一个不易被人发现的角落打瞌睡的人。

喜欢找角落的人性格大都有怪异的一面，你说他无能，他绝对会做一件事给你看看；你说他行，他却非常谦虚；大家都说某件事情不能做，他偏要去试试。这类男性最不习惯的是让他拜访年轻女性的家，否则，他要站在门前给自己鼓足很久的勇气才敢敲门。

调动这种人工作积极性的唯一办法就是表扬他们，让他们感觉到自己还是有很多长处和优点。

通常，这类人口头表达能力不强，尽管很多人非常聪明。但书面表达也就是写作能力相当不错，写情书当然很在行。可惜他们的情书虽然写得很多，却大都压在枕头下面了，不然又有好多女孩子会“倒霉”。

13. 抹嘴、捏鼻子

这种动作略嫌不雅观，不过还没到有伤大雅的地步。

习惯于抹嘴或捏鼻子的人，大都喜欢捉弄别人，却又不敢“敢作敢当”。他们的唯一爱好是“哗众取宠”，眼见你气得咬牙切齿，他们却在那儿高兴得手舞足蹈。从这方面来讲，不妨认为他们有点“变态”。

这种人最终是被人支配的人。别人要他做什么，他就可能做什么。如果他们进百货店或者商场，售货员最喜欢的就是这种人。也许他根本什么都不准备买，但只要有人说：“先生（小姐），这件可以”，而他就会买下。

倘若你是这种人，我觉得你应该学会如何对别人说“不”。只要有一次，你不看别人眼色行事，那么你下次就可能做得更好。

14. 耸肩

这种动作也许你感觉好像在西方电影里的镜头较多，通常是摊开双手，耸一耸肩，表示自己无所谓的样子。

如果是在日常生活中也习惯于做这种动作的人，那么他们大都为人热情，而且诚恳，富于想象力。与这种人交往，你不用担心他会坑了你，但如果你是做违法乱纪的事又另当别论，说不定最早出卖你的就是他，因为他们的正义感比他们的人情味更胜。

这种人追求的最大幸福是生活在和睦、舒畅而又适于发挥创造力的环境中。因此，他们会创造生活，也会享受生活。他们那极其浪漫的生活态度，使他们成为众多情窦初开的少男少女追求的对象。

从醉态看性格

除“醉酒吐真言”之外，还有醉态看性格这一招。善于掩饰自我内心的人类，在文化、道德、生活等“套子”中长久生活，偶尔用自己发明的东西“暴露”一下，而这“暴露”是以喝醉后“放松”为前提的。

1. 滔滔不绝

饮酒后话变得特别多，而这种情况又多半发生在平常沉默寡言的人中。

他们多半性格较为古板，生活之外的圈子很窄，尤其人际关系很不令他们满意。他们对于年长者和上级领导倒是特别恭敬和谨慎，以至于他们本来很诚恳的人品里多少加进了一些虚伪的成分。

这种人的感情特别细腻。打个简单比方，如果你经常外出回家后要亲吻你的妻子（丈夫），假定他们是这种人，偶尔有一次你突然因一件事纠缠着而坐了下来，她就很有可能闷闷不乐（男性发生这种情况的不多）。他们对你的观察也细致得出奇，或许连你每次大便的通常时间他们都知道。

这种人对于日常开支非常节省，可以说是持家的好手，如果你找到这样的妻子帮助你理财，即便她不能使你“以财生财”，你也大可放心她至少不会有什么浪费。

2. 东倒西歪

这种人饮酒后动作产生变形，拿着酒杯或酒瓶晃来晃去，一起喝酒的人一看就知道他们“醉了”，其实他们还“没醉”。

这种人的反叛性很强，当然原因归于他们对现实有太多的不满，而他们往往又非常压抑自己，所以说，他们是现实生活中“活得最累的人”。这种人从来不得罪人，即使对方是自己很讨厌的人，也要勉强去相处。

他们的通病是把自己的一点才能看得多也看得重，不是看不起同事，就是觉得上司这点不好那也不行。通常他们不参加集体活动，宁愿一个人待在家里看电视和玩手机。

工作中他们时常别出心裁地干这干那，但他们很少让别人知道，说不定这个时代的很多宏伟构思也因此被他们埋于黄土，实在是 21 世纪的“悲哀”。这种人的唯一发泄方式是写日记，自己打骂自己，自己嘲讽自己。

彻底了解他们的只有一个人，不是他们的妻子或丈夫，而是他们认为这一生唯一值得信赖的一位朋友。

3. 无精打采

饮酒后变得昏昏沉沉，毫无生气，其实他们的性格却恰好与此相反，行动活泼且具有攻击性。

认识这种人不要被他们的“酒态”所迷惑，他们其实属于行动比较积极的人。一旦自己有什么想法，总会立即去做，只是还缺乏刚毅的一面，想成就些什么又觉得有所不妥，尽管这时候他们已经在做。所以很多时候，这种人想在酒后改变他们平常的生活或形象，于是就出现了前面所说的平常很有朝气，饮酒后就无精打采的模样。

这种人喜欢常常变换工作，而且每次工作变换后他们也都能非常投入并干得很出色。他们在工作上是一个独立性很强的人，一般不希望别人去教他们怎么做，而愿意自己去想办法解决，以使自己能陶醉于工作的成就感中。

这种人的感情非常丰富，特别喜欢与异性交往，只是还欠“火候”，以致经常对别人的内心世界拿捏不准，“高兴而去，失望而归。”

4. 热泪盈眶

这种场面很让人感动，一边饮酒一边与你交谈，他的眼泪却不由自主的掉了下来，“心软”的人霎时很可能不知如何是好。确实，很多人都会为自己碰上一个能为自己掉眼泪的人感动不已，除非是“冷血动物”。如果你没有充分的依据证明他们是“猫哭老鼠”的人，我想对你说，他们待人真的诚恳。

这种男人热情而浪漫，对女性有一种特别的爱好，不过还不属于“好色之徒”一类，他们喜欢谈论和欣赏女性，在他们眼里，女人本身就是“艺术”。虽然在这方面给别人造成很多误会，特别是夫妻之间的麻烦就更多，但对他们来说似乎是本性难移一样，依旧用这种眼光和思想，看着来去匆匆的女性。

这种人最不善于克制自己的情绪，大庭广众之下，也经常看到他们或垂头丧气，或兴高采烈，有时候搞得别人“丈二和尚摸不着头脑”。

5. 接触女性身体

这种行为有所不雅却并不表明他们好色，虽然旁人看来就是这样。不要把我说的这种情况误解为你们（当然是不同性别的你们）一直就并排挨着或靠着，因为这时你们往往会因饮酒而不自觉地产生这种举动。

这种人在工作中或生活上善于控制自己的情绪，哪怕才跟老婆吵架后也会喜笑颜开地去正常上班。但一喝酒就判若两人，倒不是说他们会对别人说长道短，而是说他们平常“那么守规矩”，怎么这时候就变了样？也许正因为他们平常“表现好”，所以酒后有这种举动就让人“不可思议”了，其实那完全是我们自己对别人认识不够而已。

这种情况也多发生在那些平常很忙碌的管理人员和中小企业的“头头”身上。

6. 唱歌的人

这种人很会享受自己的生活，喝酒就是喝酒，忙碌的工作后总会很好地轻松一下。

他们喜欢照顾别人，时常因此而博得女人（男人）的欢心，女人觉得这种男人会体贴人，男人觉得这种女人肯定会持家。可能很多时候大家都错了，因为他们极强的工作热情会使他们顾此失彼，而他们这时候总是选择后者。不过只要他们有机会，在这方面，确实表现得相当不错，毕竟，他们有把公事和私事分得很清楚的本性。

这种人是一种可以值得信赖的人，特别是在工作上，他们有一种不怕挫折和失败的坚强性格，而且对自己的优势认识得很清楚，并能确切地让这种“优势”伴随自己的一生。

但这种人也有值得极其担心的一面，他们对金钱的爱好往往使自己昏头，不是“见钱眼开”，而是认为“眼开”就会“见钱”，以致很多人因此而锒铛入狱，酿成千古之恨。

7. 鞠躬行礼

这种人因为酒越喝越多越喝越醉而频频向人弯腰致敬，却同时又向旁人抱怨这抱怨那，甚至产生一些粗暴的举动，而自己仍然丝毫未察觉。

他们大都具有较强的毅力，有克服各种困难的信心，往往事业也都小有成就。敢于在人生中拼搏的人，能吃苦耐劳应是首要条件，而他们正是具备了这一点，相信“苦尽甘来”、“面包总会有的”。可以说，这种人的一生就是用这种精神支撑着的。

不过话说回来，这种人的人生观多少含有呆滞的成分，思想方法上也未免含有某些僵化的教条，在生活中则表现为别人很难与之相处，想必也不是他们的本意。诚然，事与愿违是每个人都不想发生的。我想对这种人说的是：你们还应学得灵活一些、开明一些、大方一些、坦诚一些。

8. 与“周公”同行

这种人一喝酒就要睡觉，或许他们大都并不是因为酒醉，而是“酒不醉人人自醉”。

这类人的性格一般都比较内向，习惯于把自己封锁在一个小世界里，对周围的事也多以好好先生的姿态出现。也许是由于他们把生活美好的一面想得太多，以致他们大都意志薄弱，缺乏一种向上的精神，尤其遇到挫折时，缺乏走出逆境的勇气，感到不知所措。说白点，可能他们的老婆被人抢了也只是目瞪口呆。

而这种类型的女性似乎可爱得多，她们有一种俗话说的“拿得起放得下”的“大丈夫”气概，通常不用世俗的眼光看问题，显得异常超脱。在工作上她们能屈能伸，在生活上她们收放自如，对感情不强人所难，对朋友坦率真诚。倘若她们能克服欠缺坚强的意志力的弱点，这个世界不知会增加多少女强人。

这种人尊重他人的品德，往往会成为他们事业成功的一块垫脚石。

9.“旱鸭子”

通常把不会游泳的人比喻成“旱鸭子”，而在饮酒行业里，只尝一点酒就会醉的人被同胞们戏称为“旱鸭子”。

这种人的性格属于孤独型，他们绝对不会因前面围着一大群人而去凑热闹，也不会对周围与己无关的事情产生兴趣，但又不同于我前面说的那种好好先生，因为他们的独立自主性还相对较强。

这种人过于计较自己的得失，在生活中没有真正的知己。试想，谁会与一个只求得到而从不给予的人交朋友呢？说到此还得先声明一下，这里的“旱鸭子”不包括那些从不饮酒和从来都只是说自己不会饮酒的人。

这种人很热衷于他们的事业，只是钻劲不足，尽管在很多事情的处理上都能独当一面，但仔细一看就会发现，他们往往想到了横面就忘了纵面。追根究底，他们的思维受着他们本性的局限。

10. 控制型

不论何时何地，不管与任何人一同饮酒，都能做到适可而止的人，作为工作上的伙伴绝对没错，他们良好的天性就是能与共事的人密切合作。大概你也喜欢这种人吧？自然，他们不是酒场上混的“料”。

这种人把人际关系看得比什么都重要，也不妨把他们看作善良之辈。虽然他们能密切与人共事，但他们并不是循规蹈矩的人，你可以请他们“去干某事”，但你最好不要叫他们“去怎样干某事”。说简单点，你可以让这种人去把柜子顶上的文件袋取下来，但你如果说，“你用凳子垫着，把上面的东西搬下来”。他们很可能答应这样给你干，但心里早已把你在他们心目中的地位降低了一级。明白我的意思了吗？针对有的下属员工，不要采取指令性的口吻，他们讨厌别人的指使。

调动职工工作积极性的方法很多，或许你可以从我分析的各种人的性格中得到一点启发，有人“喜欢”你对他们采取的“高压”政策，更多的人还是希望自己的头脑能得到更多的开发和利用。

11. 冷漠无情型

这种人在酒后，总是不停地叫着“干杯”，他们不同于那种反复劝酒的人，因为他们的要求是“一干而尽”，不干是不行的。似乎他们都很能喝，而往往他们只是气势吓人。

这种人表面很温和，对人也能体贴入微，当人们不了解他们时，很多人都会报以兄弟般的友情给他们，但后来大都会反感了，因为他们太过于冷漠无情。

尽管他们时常想表现得更好，但由于他们内心强硬的本性使得他们总是得不到满意的人际关系。你觉得我的研究似乎有点矛盾，对人体贴入微的人会冷漠无情吗？会的，这是两个方面的含义。我们常会遇到这种情况：一个人对他的妻子或知己经常“问寒问暖”，小到告知别人不要随便饮用自来水，水质不好，容易“结石”。

而另一方面，他又不管遇到任何事情，从来不站在别人的立场上去想一想，从来不去考虑他的行为会给另外的人带来什么影响。

从坐姿看性格

西方以前有地位的家庭对自己刚成年的子女都要进行“坐”“行”等姿态训练，中国旧时的贵族家族也一样。可见社会或某一阶层对某一类人的“坐姿”提出了要求，这是为什么呢？

1. 自信型

左腿交叠在右腿上，双手交叉放在腿跟两侧。这种人有较强的自信心，他们非常坚信自己对某件事情的看法，如果这时候你与他们发生争论，可能他们并没有在意与你争论的观点的内容，虽然坐姿让人看起来觉得很入神。

他们的天资很好，总是能想尽一切办法并尽自己的最大努力去实现自己的理想。虽然也有“胜不骄、败不馁”的品性，但当他们完全沉醉在幸福之中时，也会有些得意忘形。

这种人很有才气，而且协调能力很强，在他们的生活圈子里，他们总是充当着领导的角色，而他们周围的人也都心甘情愿。

不过这种人有一个不好的习性，喜欢见异思迁，“这山看到那山高”。

2. 温顺型

两腿和两脚跟紧紧地并拢，两手放于两膝盖上，端端正正。

这种人性格内向，为人谦逊，对于自己的情感世界很封闭，哪怕与自己特别倾慕的爱人在一起，也听不到他们一句“火辣”的语言，更看不到一丝亲热的举动，对于感情奔放的人来说，实在是按捺不住。

这种坐姿的人喜欢替别人着想，他们的很多朋友对此总是感动不已。这种人虽然性格内向，但他们的朋友却不少，因为大家尊重他们的“为人”，奉行“你敬别人一尺，别人敬你一丈”。

在工作上，这种人虽然行动不多，但却踏实认真，他们能够埋头为实现自己的梦想而努力。犹如他们的坐姿一样，他们不会去花天酒地，他们很珍惜自己用辛勤劳动换来的成果，他们坚信的原则是“一分耕耘一分收获”，也因此他们极端厌恶那种只知道夸夸其谈的人。在他们周围，想吃“白食”是不行的。

3. 古板型

两腿及两脚跟并拢靠在一起，双手交叉放于大腿两侧。这种人为人古板，从不愿接受别人的意见，有时候明知你说的是对的，但他们仍然不肯低下自己的脑袋。

他们明显地缺乏耐心，哪怕是开十分钟的短会，他们也时常显得极度厌烦，甚至反感。

这种人凡事都想做得尽善尽美，干的却又是一些可望而不可即的事情，他们爱夸夸其谈，而缺少求实的精神，所以说，他们总是失败。虽然这种人为人执拗，不过他们大多富于想象。说不定他们只是经常走错门路，如果他们在艺术领域里发挥自己的潜能，或许他们会做得更好。

对于爱情或婚姻他们也都比较挑剔，你会认为他们是考虑慎重，但事实不然，应该说是他们的性格决定了这一切，他们找“对象”是用自己构想的“模型”如“郑人买履”般寻觅，这肯定是不现实的做法。而一旦谈成恋爱，则大多数都倾向于“速战速决”，因为他们的理念是中国传统型的“早结婚，早生贵子早享福。”

4. 羞怯型

两膝盖并在一起，小腿随着脚跟分开成一个“八”字形，两手掌相对，放于两膝盖中间。这种人特别害羞，多说一两句话就会脸红，他们最害怕的就是让他们出入社交场合。这类人感情非常细腻，但并不温柔，因此这种类型的女性经常让男人觉得莫名其妙。

这种人可以做保守派的代表，他们的观点一般不会有太大的变化，他们对许多问题的看法或许与几十年前一样。在工作中他们习惯于用过去成功的经验做依据，这本身并不错，但在资讯发达的今天，因循守旧肯定是会被社会淘汰的。不过他们对朋友的感情是相当真诚的，每当你有求于他们的时候，只需打个电话他们就肯定会为你效劳。

他们的爱情观也受着传统思想的束缚，经常被家庭和社会的压力压得喘不过气来，而自己仍要遵循那传统的“东方美德”、“三从四德”等。

5. 坚毅型

大腿分开，两脚跟并拢，两手习惯于放在肚脐部位。

这种人很有男子汉气概，有勇气，很果断。他们一旦考虑了某件事情，就会立即去付诸行动。在爱情方面，他们一旦对某人产生好感，就会去积极主动地表明自己的意向，不过他们的独占欲望相当强，动不动就会干涉恋人的生活，时常遭到恋人的讨厌。

他们属于好战类的人，敢于不断追求新生事物，也敢于承担社会责任。这类人当领导的权威来源于他们的气魄，其实很多人并不真心地尊重他们，只是被他们那种无形的力量威慑而已，从另一个角度来说，他们不会成为处理人际关系的“高手”。如果生活给他们带来什么压力的话，他们一定能够泰然处之，但当他们遇到比较棘手的人际关系问题时，他们多半只有求助于自己的老婆。

6. 放荡型

两腿分开距离较宽，两手没有固定搁放处，这是一种开放的姿势。

这种人喜欢追求新奇，偶尔成为引导都市消费潮流的“先驱”。他们对于普通人做的事不会满足，总是想做一些其他人不能做的事，或许不如说他们喜欢标新立异更为确切。

这种人平常总是笑容可掬，最喜欢和人接触，而他们的人缘也确实颇佳，因为他们不在乎别人对他们的批评，这是其他人很难得的。从这方面来说，他们很适合做类似于社会活动家的工作。

不过这类人的日常行为举止确实不敢让人恭维，或许很多这种类型的人还没有认识到他们的轻浮给家庭和个人带来的烦恼，这只能说，他们还没有到这一天。

7. 冷漠型

右腿交叠在左腿上，两小腿靠拢，双手交叉放在腿上。

这种人一看就觉得非常和蔼可亲，似如菩萨，很容易让人接近，但事实却恰好相反，你找他谈话或办事，一副爱理不理的样子让你不由得不反思“我是否花了眼？”你没有花眼，你的感觉很正确，他们不仅冷漠，而且性格中还有一种狐狸作风，对亲人、对朋友，他们总要向人炫耀他那自以为是的各种心计，以致周围的人不得不把他们打入心理不健全的一类人。

这种人做事总是三心二意，并且还经常向人宣传他们的“一心二用”理论。自然，他们的品行更适合于在月球上生活。

8. 悠闲型

半躺而坐，双手抱于脑后，一看就是一种怡然自得的样子。这种人性格随和，与任何人都相处得来，也善于控制自己的情绪，因此能得到大家的信赖。

他们的适应能力很强，对生活也充满朝气，干任何工作好像都能得心应手，加之他们的毅力也都不弱，往往都能达到某种程度的成功。这种人喜欢学习，但不是很求甚解，可能他们要求的仅是“学习”而已。

其另一个特点是个性热情、挥金如土。如果让他们去买东西，很多时候他们是凭直觉的喜欢与否。对于钱财他们从来就是把它看作身外之物，“生不带来，死不带去”，以至于他们时常不得不承受因处理钱财的鲁莽和不谨慎带来的苦果，尽管他们挣的钱不少。

他们的爱情生活总的来说是较愉快的，虽然时不时会遇到一些小小的烦恼。这种人的雄辩能力也很强，但他们并不是在任何场合都会表演自己，这完全取决于他们当时面对的对象。

从站姿看性格

站姿与坐姿一样，是由一个人的修养、教育、性格和人生经历决定的，所以它无不反映一个人的性格。

1. 社会型

双脚自然站立，左脚在前，左手习惯于放在裤兜里。这种人的人际关系较为协调，他们从来不给别人出什么难题，为人敦厚笃实。

如果让这类人去与客户建立关系，他们时常是先站在客户的立场替客户着想，帮助他们分析利弊，这在人情味重的东方国度里，往往会收到神奇的效果，纵使现在的社会到处充斥着商场如战场的不友好而又正常的气氛。

这种人平常喜欢安静的环境，找一二知己叙旧或者摆弄一下棋盘，给人的第一印象总是斯斯文文的，不过一旦他们碰上比较气愤的事，他们也会暴跳如雷。

对于男女关系的问题，他们有一种大彻大悟的体会，“男人不必为女人活着，女人也不必为男人活着。”他们最讨厌把感情建立在金钱上，也最不愿听到别人说他们是为了怎样怎样而与某人交往。

2. 思考型

双脚自然站立，双手插在裤兜里，并时不时取出来又插进去。

这种人比较谨小慎微，凡事喜欢三思而后行。如果让他们决定一件事，不如你先给他们一份计划。在工作中他们最缺乏灵活性，往往生硬地解决很多问题，事后又常后悔，这不能不说是这种类型人的悲哀。

他们的姿势给人的感觉是他们好像总有很多忙碌的事情等着他们去做，其实是因为他们经常觉得不知如何是好。这种人的伟大之处是他们把爱情看得异常神圣，从不轻易玷污，以致在西方人眼里，总是觉得不可理喻，或许，这种人只应该出生在东方。他们既不轻易喜欢上一个人，更不会轻易向人表达他们忠贞的爱情。

他们喜欢把自己关在一个小屋子里，苦思冥想，构筑自己的希望。正因如此，他们大都经受不起失败的打击，在逆境中更多的是垂头丧气，所谓：一个人希望越大，失望也越大。

3. 抑郁型

两脚交叉并拢，一手托着下巴，另一只手托着这只手的肘关节。这种人多数是工作狂，他们对自己的事业颇有自信，工作起来非常专心。废寝忘食的行为对他们来说是家常便饭，老婆更是经常被冷落在家，幸好，他们的伴侣多是理解型的。

这种人更为引人注目的是他们多愁善感，你从他们丰富的面部表情就可以看出，他们是那么的容易喜怒无常，甚至在他们的言行中也表露无遗。刚才都还在与你喜笑颜开，夸夸其谈，突然脸色阴沉下来，一句话不说，最多时不时地参与你们谈话中苦笑一下，显得很深沉的样子，谁也不知道他们是因为读小学时失恋了还是刚才在办公室走廊里被上司训了一顿？抑或是昨天看电影迟到了，而没有看到故事的开头？

他们对这个世界倒是很充满爱心，可以经常看到他们的奉献精神。

这种人很坚强，他们一般不会向人屈服，也不会由于重重地摔了一跤，就不再继续在充满泥泞和荆棘的道路前进。

4. 服从型

两脚并拢或自然站立，双手背在身后。这种人大多在感情上比较急躁，经常看到他们爱一个人轰轰烈烈，也经常听到他们发誓不嫁（娶）人，如果让他们去经受爱情的长期考验的话，八九不离十，他们要成为爱情的逃兵。

这类型的人与别人一般都相处得比较融洽，可能很大的原因是他们很少对别人说“不”。人的感情往往受着一种潜意识的支配，都愿意听到别人对自己的赞美，而这种人生来就是学这套的。

他们在工作中不会有什么开拓和创新，但工作很踏实。他们不是“拍马屁”的高手，甚至他们不知道该怎样去“拍马屁”，但他们却经常拍到“马屁”。

他们的快乐来源于他们对生活的知足。而不愿与人争斗的个性，既带给他们愉快，也带给他们气愤。

第四章 解开笑声背后的心理寓意

笑对普通人来说，往往是轻松而愉快的，但对心理学家而言，却是一件严肃的事情，因为笑能透露人的性格。笑虽只有声音差异，却是最能够表达沟通意图的“语言”。

一个人的笑声可以反映出一个人的性格特征。美国一位心理学家经过多年的调查研究，把人类的笑声分成几个类型，并分析各种类型的心理出发点。他发现，在每一个人的笑声背后，都有一定的心理寓意。

用微笑传达信息

微笑着注视对方的人更能给人留下好印象。英国研究人员发现，人们通常会认为那些微笑着注视自己的人更具有魅力。

在生活中，想必大家都会意识到人与人之间目光接触的重要性。当你慌乱时，一个肯定的目光会让你感到心安；当你迷茫时，一个关注的目光会让你感到坚定……目光相交的那一瞬可以产生很多的效果。即使是陌生人的微笑，也有可能让你的一天顿时变得灿烂起来，让你觉得不再孤独。

微笑往往意味着接纳、关注和肯定，别人的目光会增加我们的存在感，让我们觉得自己是被某个人、某个群体所接纳了，而不是被排除在外。

心理学家要求志愿者评价呈现在电脑屏幕上的两张人脸图片哪个更有魅力。为了消除人脸的物理特征对偏好的影响，每次呈现的两张图片都是同一个人的照片，只是面部表情或者眼睛的注视方向不同。实验结果发现，志愿者认为那些微笑的脸更有魅力，并且那些注视着志愿者尤其是异性志愿者的脸比注视着其他方向的脸具有更高的“魅力指数”。这说明人们很注重她（他）的眼睛注视的方向，伴随着微笑而注视对方，是融洽的会意；伴随着皱眉而注视他人，是担忧和不安。

女性更喜欢微笑可能是天生的。研究发现，人在群居生活时欢笑的次数是独处时的 30 倍。同时他还发现，与各种笑话以及有趣的故事相比，和他人建立友好的关系这一目的与笑声的联系似乎更加紧密。在引发我们大笑的各种原因当中，只有 15％来自于笑话。

人们用嘴角上扬的表情来表达心中的快乐之情，与此相反，当人们不开心的时候，他们就会表现出一种嘴角下垂的不高兴的表情，也就是我们常说的撇嘴。只要感到不开心、沮丧、绝望、愤怒或紧张，人们的脸上就会浮现出这样的撇嘴表情。然而，如果一个人总是把这种负面、消极的表情写在脸上，久而久之，他的嘴角就会永远保持一种下垂的状态，看起来总是一副没精打采的沮丧样子。

波士顿大学的马文・海切特和玛丽安・拉・弗朗斯进行了一项研究。其结果显示，在面对主管和上级时，无论是在气氛友好的前提下，还是在不友好的紧张气氛当中，下级人员都会面带微笑；而主管和上级人员在下级面前，只会在气氛友好的前提下才会露出微笑。

这项研究还表明，无论是在社交还是在职场，女性微笑的频率远高于男性，而这也就在无形中使微笑的女性在面对不苟言笑的男性时居于弱势或下属的地位。有的人认为，正是因为女性笑得更多，所以长久以来她们才会一直被置于男性之下的从属地位。不过，有研究显示，将出生 8 周的男婴和女婴作比较，女婴比男婴笑的次数更多。长大后，我们会发现，在日常生活和工作交往中，女性微笑的频率也远远高于男性。有人认为，这是一个男权社会，女性笑得多表示她们对男性权威的顺从。但是，当尚处在婴儿时期时，女婴比男婴微笑的频率就高，这似乎无法解释女性顺从于男权社会的自我意识。更合理的解释可能应当从人类进化来说，因为女性天生就扮演着哺育者和安抚者的角色，而微笑正好与这一角色的特性、功能吻合。所以，微笑这一特征很可能是天生的，而非后天培养所致。

美国加州大学的社会心理学家南希博士做了一个实验，他让两百多名实验者看了一些表情各异的男性和女性的照片，之后让他们对这些表情和人物魅力进行评判。

结果发现，没有面带微笑的女性大都被认为是心情不高兴，而男性表情严肃、面无微笑却被认为是比较有权威。由此可见，女性生来就笑得更多，而且人们潜意识里要求她们笑得更多。要想和别人的交往有积极的效果，使自己更具魅力，女性应当笑得更多。

微笑是人与人沟通的最佳途径。

玛丽大学毕业后去参加一家航空公司的招聘，与其他竞争者相比，她并没有什么明显的优势。可出乎意料的是，她最后竟然被录取了，这其中的奥妙究竟是什么呢？那就是因为玛丽的脸上总带着微笑。在面试的时候，有一件事令玛丽困惑不已。主考官在讲话的时候经常故意把身体转过去背对着她。事后玛丽才知道，原来这位主考官不是不懂礼貌，而是在体会玛丽的微笑。因为玛丽应聘的职位是电话语音服务，是有关预约、取消、更换或确定飞机航行班次的服务。那位主试者微笑着对玛丽说："小姐，你被录取了，你最大的资本就是你的微笑，你要在将来的工作中充分运用它，让每一位顾客都能从电话中体会到你的微笑。"虽然可能没有太多的人会看见她的微笑，但他们通过电话，可以感知到电话另一端玛丽的微笑。

一家著名公司的高管曾说道："我宁愿雇用一个低学历但却

有愉快笑容的女孩子，也不愿雇用一个郁郁寡欢的高学历者。因为微笑是员工的基本要求，也是公司最有效的商标，比任何广告都有力，只有真诚的微笑才能深入人心。”

在现实生活中，没有谁会无缘无故地拒绝别人的笑脸，微笑在人际交往中具有不可替代的神奇魔力。特别是在服务行业中，微笑是最好的财富，微笑是最简单、最省钱、最可行，也是最容易做到的服务。微笑服务是服务态度中最基本的标准，是把握服务热情度最好的外在表现形式，微笑给人一种亲切、和蔼、礼貌的感觉，加上适当的敬语会使客户感到宽慰，微笑也是尊重客户的一种极好的方法。

微笑还是一种顺从的信号。一项对黑猩猩的研究显示，黑猩猩的微笑功能不仅仅限于表达幸福、开心的心情，它还传达了表示顺从的信号。

研究发现，黑猩猩的笑容一般有两种：一种是较为温和的笑容，它们常常将下颌张开，露出牙齿，而嘴角很自然地往后拉伸，照这几个动作来做，我们就会发现这其实正是人类的微笑表情。这是黑猩猩见到头领时经常会做的一个表情，这种笑容按动作的情境来看，表示的正是黑猩猩对自己的统治者的敬畏和恭顺之意。试想在日常工作环境中，当我们见到自己的领导时，对着领导微笑所表示的是不是也有着尊敬和顺从的意味呢？其中的道理是相通的。对领导表示出顺从意思，有助于获得更好的工作关系。黑猩猩还有另外一种笑容——“调皮嬉闹的表情”。它们会把牙齿外露，嘴角和眼角都往上提升，表情比温和的笑容挂在脸上时的动作幅度要大得多。

社交场上还有一种广泛流传的“不＋微笑”策略。所谓“不＋

微笑”策略，就是面带微笑地拒绝对方。这个策略经常被女士们用到，而且是屡试不爽。为什么这个策略如此简单却又这么成功呢？因为这是一组相互矛盾的信号，微笑代表着高兴，而“不”又是明确的拒绝。这两个自相矛盾的信号同时出现时，会使对方陷入茫然失措的境地。当你想拒绝对方的请求又不希望因此破坏了双方的关系时，不妨使用这个“不 + 微笑”的策略。

通过笑声大小来看人

笑对普通人来说，往往是欢快轻松的，但对心理学家而言却是一件严肃的事情，因为笑能透露人的性格。笑虽只有声音的差异，却是最能够表达沟通意图的“语言”。一个人的笑声可以反映出一个人的性格特征。美国有一位心理学家经过多年的调查研究，把人类的笑声分出几个类型，并分析各种类型的心理出发点：

1. 哼哼的笑

这是从鼻子里哼出来的，因为一个人要忍住笑，最后只好通过鼻子来“笑”。他们明明想笑却又倾向忍住不笑，显示为人怕羞，不想被他人注意，这样的人同时也是谦虚体贴的，喜欢按部就班地做事。因为平时很重视身边的人的感觉，所以身边的人也会喜欢他们的细心。

2. 呵呵的笑

这是深深地从肚子里发出来的笑，显示这个人并不是自卑保守的，而是喜欢冒险，善于抓住机会。此类型的人比较内向，容易害羞，但心思缜密，做事不会透露内心想法，常常看到别人看不到的事情的有趣的一面。因为很会掩饰内心，往往可以委以重任。很多人在没有信心或心情不愉快的时候，会用“呵呵呵”的笑声来掩饰内心的反感。有这种笑声的人一般是比较温和的人，不会给人带来太多的压迫感。另外，人们在心浮气躁或者身体疲倦的时候，也会发出这样的笑声。

3. 笑起来发出“哧哧”声音

发出“哧”的笑，这是一个乐天派的人，对生命的展望充满活力，对未来也充满美好的想象。他们的创造力和想象力都很强，偶尔还会做出惊人的举动，却不会让人产生反感的情绪。同时他们还极富幽默感，一旦树立目标，会朝着目标奋勇前进。这样的人大多是爱好欢乐，喜欢看到好笑的事物被放大夸张。

4. 嘿嘿冷笑

如果一个人总是冷笑，就说明这个人属于阴险狡诈的类型。与这样的人交往尤其是做生意，很难取得让人满意的结果。而另外一种喜欢冷笑的人则是那种玩世不恭的类型，他们自以为看透了人生百态，就不再有所追求，于是就游戏人生，过着“今朝有酒今朝醉”的生活。

5. 哈哈大笑

在高兴的时候会发出“哈哈”的笑声，这大多是所谓的豪爽型的人，因为一般人很难发出这样的笑声，而且这也说明这个人身体状况极佳，才能有这样的笑声。这是一种高声的笑，即便在嘈杂的环境之中也能听到。这么笑的人说明他不压抑自己，是那种天生的在聚会上的灵魂人物，他们喜欢讲笑话，当面临一个问题时，他们往往智勇双全地解决困难。同时，他们做事公平，不会嫌贫爱富，也不会欺软怕硬。当别人做错事，他们不会斤斤计较。他们的幽默感会在不经意间给周围的人带来欢乐。此外，他们还有着出众的同情心，并且不会因别人取得的成绩而嫉妒。因为这样的性格，他们往往是人群中最受人喜欢的类型。同时，这种笑声带有威慑感，会震慑他人，容易使人心生警戒。

6. 放声狂笑

有的人平时很少笑，但一旦笑起来却是一发而不可收。别看这样的人经常在陌生人面前表现木讷，看起来不易接触。实际上此类人是冰与火的结合体，对生人冷淡，对熟人热情奔放。熟悉他们的人都知道此类人至情至性，讲义气，重感情，甚至不惜为朋友两肋插刀，因此他们的人缘是比较好的。

7. 笑声柔和

这样的人待人随和，遇事冷静。他们性格沉着而稳重，比较明事理，也善于说理，能够很好地化解矛盾和纠纷。一般能够站在对方的立场为他人考虑，在大是大非面前能够保持头脑的清醒和冷静，因此人际关系处理得比较好，而且还善于化解矛盾和纠纷。

8. 笑声让人不舒服

这种人的性情不仅冷淡，而且比较现实和实际，自己不会轻易为身边的人有所付出。他们察言观色的能力比较突出，思维比较缜密，能观察到他人心里在想些什么，然后投其所好，待机行事。

9. 笑声尖锐刺耳

这种人生活态度乐观向上，为人比较忠诚和可靠。他们的感情比较细腻和丰富，有着良好的人际关系。这样的人具有一定的冒险精神，精力充沛，喜欢旅行。

10. 经常发出不同笑声

这样的人根据不同的场合而发出不同的笑声，他们大多是比较现实的，做事思维敏捷，适应环境的能力比较强。

11. 只是微笑但并不发出声音

这样的人多数是内向而且感性的人，他们的性情比较温柔、亲切，能够给人一种很舒服的感觉，属于比较好相处的人。但是他们也比较情绪化，容易受到他人情绪的感染或者被他人打扰。

通过笑容和笑姿看人

笑容的力量是无穷的，一个能时时展现出迷人笑容的人自然也拥有无穷的魅力。达·芬奇的传世名画《蒙娜丽莎》之所以让人难以忘记，原因之一就是画面人物那神秘的微笑。那永恒的微笑使人看上去心情舒畅，顺理成章地令人对她产生好感。笑的本质应该是愉快的情绪表现，但有些时候，痛苦到极点或感觉无可奈何的人也会用大笑来发泄闷气。可以说，笑是最常见的表情，也是含义最复杂的身体语言。

1. 普通的笑

这类笑容很平常，不特别，不会太大声，显示这个人喜欢群众。这样的人往往努力工作但不争功。他们做事很有耐性，善始善终，心地善良而又可靠，是非常值得交往的朋友。

2. 附和别人的笑

笑时慌张并戛然而止，看看别人继续笑便也跟着笑。这是自卑感的表现，说明缺乏自信，笑也怕笑得不对。他们的性格一般都乐观开朗，但做事没有主见，容易人云亦云、随波逐流。这样的人应改变一下自己的观念，用不着太担心别人对自己的看法，每个人都有笑的权利，即使别人不笑，你也一样可以笑。

3. 偷偷地笑

经常偷偷微笑的人，大多数是内向型，他们比较保守，不愿意在众人面前夸张地表现自己，多数时候显得腼腆。在工作中他们心思缜密，考虑问题十分的周全，面对各种情况都能冷静地作出判断。在交际中，他们并不喜欢轻易地将自己的内心展示给别人，而且由于他们强大的个人能力，他们对朋友的要求很高。不过，一旦与他们成为朋友，他们就会与你肝胆相照。

4. 轻蔑的笑

笑时鼻子向天，神情轻蔑，往往是人人在笑他也不笑，或只是逢场作戏似的干笑几声。这样的人看不起身边的每一个人，表面上是自视清高，这其实是自卑感在作怪，要把他人压低而抬高自己，他们几乎没有交心的朋友。

5. 掩口而笑

这个动作也是源于人内心的自卑感，不过也有其他的可能，就是一个人认为自己牙齿不好看或自知口臭。如果没有这些毛病，就是发自内心的自卑，就与紧张的笑相同。

6. 笑不出声

这样的人只是微笑，一般不会发出声音。他们大多数都内向而且感性，性格忧郁低沉，容易受到外界的感染，做事情绪化的倾向比较明显，有浪漫主义色彩。但他们待人亲切温柔，给人以舒服的感觉。

7. 笑中带泪

这看上去似乎是两个矛盾的表情。当一个人笑得很剧烈，以至于笑出眼泪时，说明此人具有真性情并有善心，他们在生活中通常是乐观向上并且胸无城府，他们会在自己力所能及的范围内给予别人最大的帮助并不求回报。

8. 笑不可支

这样的人大多性格开朗、乐善好施。他们总是把喜怒哀乐挂在脸上，为人直爽，做起事来不拘小节、大大咧咧，因此从来不乏朋友。

9. 肆无忌惮的笑

平时看起来沉默少语，笑起来却一发而不可收的人是最适合做朋友的。他们通常十分看重友情，在陌生人面前比较沉默，显得不够热情、不够亲切，但一旦真正与人交往，成为朋友，他们就会以真诚相待，而且活泼热情。基于这一点，很多人都乐于与这样的人相处，他们自己本身也能够营造出比较和谐的社会人际关系。

10. 笑起来断断续续，听起来很不舒服

这样的人性情大多是比较冷淡而漠然的。但是他们的观察力相当敏锐，能准确地观察到他人心里的真实想法，然后投其所好，择机行事。

11. 捧腹大笑

他们大多心胸开阔，当别人获得成功的时候，他们会真心祝愿，很少产生嫉妒的心理。这样的人性格多是直率而且很真诚。他们往往能够直言不讳地指出朋友的缺点，也会在自己的能力范围之内，对他人的需要给予帮助。他们是不折不扣的行动主义者，一旦想起了要做的事情，或者决定要做某件事情，就会马上付诸行动，非常果断迅速，绝不拖泥带水。在别人犯了错以后，他们会指出来，但是也会给予最大限度的宽容和谅解。他们比较有幽默感，总是能够让周围人感受到他们所带来的快乐，因此他们身边总是围绕着很多的朋友。

12. 龇着牙笑

这种人一般没有真情实感。龇着牙笑是一种很典型的假笑，这样笑的时候，一般是没有表现出自己的真情实感的。如果一个人说着“别为此担心”或者“没什么大不了的”这样的话语时，却流露出这种面部表情，那就表明其实他们真正的想法正好相反。

FBI 接到了一个报案，说美国一个知名的投资银行在短短一周内丢失了近 200 万美元的资产。这个投资银行的行长在仔细地

查看了银行间的业务往来之后没有发现任何异常，可是账面上确实少了 200 万美元。

FBI 对该行的业务交易清单进行了调查，也没有发现任何异常问题，于是，他们怀疑是银行的业务数据遭到了篡改。FBI 很快就把负责该行所有管理资产的人都找了出来并一一进行讯问，却一直没有丝毫突破，没有找到任何线索。

正当 FBI 感到一筹莫展的时候，投资银行的行长提供了一条信息：在资金失窃之前，他们曾经让一名银行数据库工程师对该行的数据系统进行了升级和维护。于是 FBI 很快就找到了这名工程师，经过审问之后，FBI 发现这名工程师有许多疑点，而且也具有作案动机和作案条件，但是这名工程师却一口否认，而且并不多说一句话。就在 FBI 打算如果再找不到证据，在 3 个小时之后就会将他释放时，这名工程师露出了一丝微笑，带有了明显的轻视意味。于是 FBI 立马针对这名工程师进行了更深层次的讯问。他们还请来了一名犯罪心理学专家，就在专家到来的时候，这名工程师又龇牙笑了一下，于是 FBI 断定，这名工程师肯定有问题。最终在犯罪心理学家的协助下，FBI 攻破了这名工程师的心理防线，侦破了案件。

如何识别真笑和假笑

笑是人们日常生活中用得最多的表情之一。在社交场合，微笑是最好的“润滑剂”。美国精神病学专家威廉·弗莱因博士强调：生活里不能没有笑声，没有笑，人们就容易患病，并且容易患重病。可是，有些笑发自内心，有些笑却是伪装出来的。英国一名心理学家发现，真笑和假笑不仅可以凭借面部表情判断出来，还可以通过面部表情分析人们的内心世界。但是，形形色色的笑容并不都是发自内心的。日常生活中，你有没有遇到过这样的窗事，明明做了令对方反感的事，人家不好意思直接说，“友好”地笑笑，我们还以为对方是真心地高兴，结果就好心办了错事。生活中，真笑和假笑有时确实很难辨别，但是假的真不了，虚假的笑容到底有哪些破绽呢？该如何区分真假笑容呢？

科学家很早就开始研究真笑与假笑的区别了。早在1862年，法国解剖学家杜彻尼·博洛尼便在其著作《人体生理机制》一书中提到这个问题。说起来有些恐怖，杜彻尼使用的实验品大多源自断头台。他使用“电生理和放大的技术”，对头颅每一部分的肌肉的细小变化和其带来的面部褶皱进行分析。他发现欢乐的情绪表达在颧骨肌肉和眼轮匝肌上，前者可以被有意识地控制，后者却只能为真实的快乐驱使。眼周的肌肉是情绪的真实传达者，不受我们的控制，虚假的笑容是无法引起眼轮匝肌收缩的。于是，这种让面部颧骨肌肉和眼周肌肉发生变化的“真笑”，被命名为“杜彻尼微笑”。

不少科学家都想努力证明“杜彻尼微笑”的真实性，证明情绪真的能控制面部肌肉。有科学家通过实验发现，当人们观看喜剧时，颧骨肌肉和眼轮匝肌就会收缩，也就是出现了“杜彻尼微笑”。并且，积极情绪也和“杜彻尼微笑”的频率密切相关。难道欢乐的情绪真的能够控制面部肌肉？

对此，美国加州大学心理学家保罗·埃克曼教授和肯塔基州大学的华莱士·法尔森教授进行了多年的研究。最终，他们设计出一整套识别人类面部表情的编码系统，能够成功破解人们的真实表情，其中就包括真笑和假笑。他们的研究成果被编剧们搬入热播美剧《别对我说谎》，受到观众的追捧。埃克曼教授也在2009年5月列入美国《时代》周刊“全球最有影响力100人”名单中。

他们通过大量临床实验得出结论：喜悦产生的真笑与故意收缩面部肌肉引起的假笑是不一样的。

真笑时嘴角上翘、眼睛眯起。此时，面部主管笑容的颧骨主肌和环绕眼睛的眼轮匝肌同时收缩，因为真心流露的笑容是自发产生的，不受意识支配，因此，除了反射性地翘起嘴角之外，大脑负责处理情感的中枢还会自动指挥眼轮匝肌缩紧，使得眼睛变小，眼角产生皱纹，眉毛微微倾斜。

假笑时只有嘴角上提，伪装的笑容是通过有意识地收缩脸部肌肉、咧开嘴、抬高嘴角产生。与真笑不同，此时眼轮匝肌不会收缩，因为眼部肌肉不受人的意识支配，只有真的有感而发时才会发生变化。有些人假笑时动作很夸张，面部肌肉强烈收缩，整个脸挤成一团，给人造成眼睛眯起来的假象。但请注意，假笑时眼角的皱纹和顺斜的眉毛是没有办法伪装的。也就是说，如果遮住一个面部的其他部位，只露出眉毛和眼睛，若是真笑，依旧能看出来对方在微笑；若是假笑，则只能看到一双毫无表情的眼睛。

儿童书籍插画家莫·威廉姆斯根据自己多年的绘画经验得出结论，如果插画人物的嘴在笑，可是眼睛却不开心，那整张脸都是忧郁悲伤的。

因此，要想辨别对方是真笑还是假笑，眼睛和眉毛是最重要的线索。

真诚的笑容能让周围的人都感受到幸福，但是，如何练就出分辨真笑假笑的“火眼金睛”呢？美国麻省理工学院的毕业生研发了一款新软件，利用这款软件就能判断出被测试者发出的笑容究竟是不是真诚的。

研究人员让被测试者进行两组不同的面部表情测试。首先让他们看一组可爱婴儿的视频，让他们条件反射地在电脑摄像头前表现出真实高兴的笑容。然后，他们又要求参与者在电脑上填写一大篇有关自己的资料，在点击“提交”键后，参与者发现所填写的资料全被删除，90％的参与者都不由自主地露出了沮丧的笑容。

通过两组摄像头记录的图像，研究者提取相关数据，将心理学与计算机识别结合起来，有效地区分被测试者的表情，划定真实笑容的数值范围，据说准确率高达92％。实验得出了一个规律，真实的笑容通常来得要慢一些，甚至有反复的情况发生；而沮丧的笑容通常来得快，消失得也快。此外，虽然外表看起来差不多的笑容，假笑和真笑在肌肉的表现上也不同。

其实，假笑可不是成年人的“专利”，美国马里兰大学的研究表明，10个月的婴儿也会“皮笑肉不笑”。当婴儿看到陌生人走近时，会露出没有情绪的假笑；只有母亲靠近时才会真心地微笑。

无独有偶，据英国的《泰晤士报》和《每日电讯报》报道，赫特福德大学的心理学家理查德·怀斯曼教授实施了一项测试分辨微笑真伪的能力的实验。

怀斯曼教授对英国政坛的风云人物的笑容进行了分析。每逢举行内阁会议，大臣们就会与记者打个照面，这个时候，他们大多在镜头前摆好姿势，露出笑容，让记者们拍个痛快。但怀斯曼教授通过照片和视频发现，在内阁大臣中有许多的笑并非发自内心。前财政大臣戈登·布朗的面部表情“相对稳定，没有显露出任何情感变化的痕迹，即使他内心活动非常激烈。他嘴唇紧紧闭在一起，眼帘下垂，从正面讲，这给人以一种可以信赖和可以控制局势的印象，从负面角度讲，这可以被看作相当冷酷以及没有同情心”。

怀斯曼教授还表示，英国前贸工大臣帕特丽夏·休伊特和前文化大臣特莎·乔维尔表面上看起来比较真诚，但两人都未表露出真实的微笑，休伊特那种吃惊的表情最为典型。嘴微微垂下张开，而不是向两侧撇开，就如同发自内心的微笑一样，眉毛上挑，距离眼睛很远，而两只眼睛也张得大大的。人们有时把这种表情与微笑混淆，但事实上这完全是两码事。

怀斯曼教授还说：“乔维尔的微笑一看就知道是装出来的，但她表现得相当老练和职业，如果不仔细看，你还真不容易分辨出来。她的嘴向两侧撇开，试图制造一种咧开嘴笑的效果，而且她的眼睛周围还有真笑时那种皱纹。但是，她的眉毛向下垂，使鼻尖周围有折皱。这种折皱更可能是假笑而不是真笑产生的效果，而整张照片看上去都是在故作姿态。除非你了解这种假象，否则这肯定会给人留下好感。”

最真实的笑容来自前教育大臣鲁思·凯利。怀斯曼教授说：“这可能是真笑的最佳例子，我估计她可能发现了真正滑稽或愉快的事情，否则不会笑得这么自然。嘴唇张开，更为重要的是，眼睛也明显释放出微笑的痕迹，把嘴捂起来，只看双眼，它们看上去积极而又高兴，因为眼睛周围的肌肉紧绷、眼睛和眉毛之间的皮肤向下垂，眼角周围也显露出折皱。”

日本的心理学家用特制的仪器来测量人类的笑容，还为它制定了一个专门的单位“ah”。科学家经过测量发现，不同的人笑起来释放的 ah 值不尽相同，儿童笑值每秒 10ah，是成人的 2 倍。因为成年人在笑前要衡量这一举动是否合适，所以笑得就不那么自在，ah 值也随之偏低。不仅如此，他们还在试验者胃部的皮肤安置感应器，尤其是在人体分隔胸腔和腹腔并起呼吸作用的横膈膜上表皮肤安置感应器，以测量肌肉的运动。因为大脑检测到的信号会通过横膈膜的运动得到直接释放。因此，通过检测人体横膈膜和其他部位的运动，研究人员能知晓一个人的笑究竟是发自内心还是虚情假意。

当然，生活中有些假笑在所难免。例如在照相时，人们总是大叫“茄子”，说这个词时，会做出笑的表情。有时，我们把下颌口张得很开，露出更多的牙齿，看起来笑得更开怀。虽然最初是“为笑而笑”，但在笑的过程中我们有时真的变愉快了。

其实，现实生活中，无论真笑假笑，只要投入去笑，都对身心有益。因为开心地“真笑”时，大脑的愉快中枢会兴奋；而努力“假笑”时，这个动作也会刺激大脑中与愉快感觉有关的相关区域。所以，当感到失落、郁闷、难过的时候，不妨对着镜子，咧嘴提起嘴角，同时下拉眉毛，眯起眼睛，尽量做出一个真笑的动作，试着感受笑容带给你的放松与宽心。

不怀好意的笑

除了礼貌性的笑，还有一些失礼或病态的笑容。它们分别是:

1. 鼻笑

就是把笑声从鼻子里发出来。这通常是讥嘲或鄙视的表情。当人们在公共场合看到可笑的人或物，因为场合限制想笑而又不能笑时，只好强行忍住，把笑从鼻子里面发出。除此以外，这种笑容经常出现在性格内向的人身上。因为当他们担心自己的笑会引起其他人的注意时，通常会用鼻笑的方式来表达自己的感情。

2. 苦笑

常见于生活困苦的穷人或病人。他们明明心里难过，但表现出的是一张难看的笑脸，像是自己嘲笑自己，想给别人安慰，就像自己不在乎导致苦笑的那件事。苦笑的人，通常脆弱而缺乏自信。这种笑包含了一种无可奈何而又十分复杂的情绪，很多时候算是一种自嘲。经常苦笑的人，让人感觉缺乏生气，貌似看透了世间的一切，有一股无力反抗而又身心疲惫的悲凉。他们是悲观主义者，缺乏自信，对待生活失去了本应有的热情，在怨天尤人中度日。

3. 冷笑

不是发自内心的笑，往往是对别人的观点表示不赞同和不屑时的表现。这是典型的不怀好意的笑容。冷笑的人，对他人有一种轻蔑和鄙视的态度。这种笑声出现，双方的交谈基本已经陷入僵局，气氛通常十分尴尬。这种笑声带有攻击性，如果一个人经常冷笑，那么这个人大多十分骄傲自大，对待别人尖酸刻薄，很难获得别人的尊重与支持。

4. 傻笑

表现为特殊的憨里憨气的笑。多见于大脑发育不全和老年性痴呆等患者。有一位精神病专家指出："傻笑是早发性痴呆的一个显著而具有特征性的症状。它是不能自制的，无须任何刺激就会在任何情况下出现，且不伴情绪特色。"所以，病人虽然经常乐哈哈的，但由于智能障碍的影响，面部表情却给人以呆傻的感觉。这种特殊的憨里憨气的笑，难以引起正常人的共鸣。傻笑的人通常十分幼稚，缺乏足够的社会经验。有的人往往遇见一些并不怎么好笑的事情就笑得前仰后合，并兴高采烈地给别人讲述，丝毫感觉不到对方毫无兴致。这种人大多涉世未深，心智很不成熟，非常容易落入别人的骗局。

5. 窃笑

顾名思义，就是偷偷地笑。当一个人看到别人遭到批评或身陷尴尬，身边的人又浑然不觉的时候，他往往会使用这种窃笑的方法。因此，窃笑又被称为"幸灾乐祸"的笑容。

6. 痴笑

见于精神分裂症病人。这类患者，由于大脑功能不全，笑时不分场合、地点、人员多寡，可以独自偷笑，亦可以是狂笑。对于青春型精神分裂症来说，痴笑是一项重要特征，仿佛有感染性，往往可以引起整个精神病病房在突然之间出现热闹的笑声。但是，这种情感并不稳定，有时可突然收敛笑容，表情严肃，有时又可变笑为涕，反复无常。

7. 怪笑

多见于面部神经麻痹、瘫痪的病人。由于神经支配作用减弱或丧失，造成患侧面部肌肉松弛，鼻唇沟变浅，笑时嘴角向健侧牵拉，口眼歪斜，表情怪异。

8. 假笑

多见于隐匿性忧郁症的病人。本来他们内心的感情是忧郁的，却常对人报以假笑。有经验的医生往往会注意到，这种病人仅仅是用嘴角在笑，眼睛毫无快乐的闪光。假笑的人，他们脸上在笑，但眼睛没有笑意，内心通常会是更负面的情绪。他们在笑的时候，通常音量很小，几乎无法让人听到。这种笑大多是一种孤独而冷漠的表达，在一群人欢天喜地时，如果一个人并不觉得这件事值得如此兴高采烈，那么在别人看他时，他就会用这种假笑来附和周围的人，以掩饰自己的紧张或不满。习惯假笑的人，通常观察力十分出众，他们知道别人在想什么，自己就不会陷于被动。

9. 强笑

就是强制性笑。它是一种无法克制的笑，多见于老年性弥漫性大脑动脉硬化和大脑变性等脑部器质性病变的患者。

10. 阴森的笑

眼睛睁得较大，嘴张开并且不对称。看起来很虚伪，但目光中明显地露出敌意。

11. 压抑的笑

眼睛轻轻皱起，眼角出现皱纹，嘴部的笑容明显受到抑制。

12. 神秘的笑

降低下颌，头偏向一侧，眼角上扬，嘴巴紧闭并撇向一方。有时候这个动作还有调情的意味。

13. 攻击性的笑

嘴唇向后咧，露出犬齿，有的人甚至可以露出臼齿，表情看起来像狼一样。另一种攻击性的笑则是放低下颚，只露出下面的牙齿。

14. 阵发性的笑

表现为阵发性不由自主的笑。这是由疾病引起的发笑。虽形态各异，但他们的共同特征是，笑的发生及情绪刺激不协调，成为情不自禁、无法控制的笑。正常人的笑是感情的反映，是完全能够控制的，而这种笑的情形正好相反。

15. 沾沾自喜的笑

下巴向上倾斜，紧闭嘴唇，这种笑容并不常见，但做出这种笑容的人往往因为自己身上有一些过人之处而自视甚高。

16. 自以为是的笑

嘴巴咧向一边，紧闭双唇，一侧的眉毛向上挑起。做出这种笑容的人往往自我感觉良好，认为自己高高在上。因此当对方出现这种表情时，如果不是调情，就一定是瞧不起你。

开怀大笑

与微笑形成鲜明对比的就是大笑了。两者的最大区别就是眼睛和嘴。强烈的愉悦情绪一经产生，就会触发眼轮匝肌的剧烈收缩。在眼轮匝肌的强烈收缩作用下，笑容中眼睑最明显的变化是下眼睑会凸出、变短，向上提升并遮盖部分虹膜下缘。同时，由于上下眼睑的相互挤压，在眼角外侧出现鱼尾纹。由于脸颊的隆起和提升，脸颊和下眼睑之间形成笑容特有的纹路。特别细微的一个独特之处在于，大笑时眼睛的闭合更多是从下往上的，下眼睑绷紧并向上闭合为主导，上眼睑的下压动作非常小。这样的眼睑闭合形态特征只会出现在笑容中，在其他表情的眼睑闭合动作中，都是以上眼睑的动作为主导。正常的闭眼，上眼睑会垂下来，使眼睑线呈向下弯曲的弧线，而笑容中的眼睑线在眼球的正中间位置。

我们经常说，有些人生得一双笑眼，这就是因为这种特别的眼睑闭合形态，在某些面孔上会使眼睑的曲线翻转过来，呈轻微弧顶向上的曲线，因此只需要简单的两道向上拱起的弧线，就可以描绘出一双生动的笑眼。大笑也会配合剧烈的痉挛式呼吸，因此眼轮匝肌会自动收缩，以保护眼睛不受内压升高的伤害。这是一种反射动作，和咳嗽、打喷嚏、痛哭的生理机制相同。因此，笑的时候如果眼睛没有动作，就可以判定不是情绪引发的笑。仅仅将嘴角翘起，虽然能表达笑意，但那只是礼节上的需要。只要愿意，人可以在任何情绪状态下挤出微笑，但心情不好的时候，眯起眼睛来笑的难度比刻意哭的难度还要大。

笑的动作一开始，眼睛就开始闭合，而且眼睛闭合的程度与笑容的开心程度成正比。如果眼睛的闭合程度与笑的程度不匹配，我们通常判定为假笑。大笑的下半脸主导肌肉是颧大肌，强有力的收缩会将嘴角向两侧耳朵的方向拉伸，使上唇提升并拉长。可以肯定的是提口角肌、提上唇肌等其他与上唇相连的肌肉也会收缩，但这些动作并不能起到主导作用，而是在颧大肌的动作下引起的间接参与式动作。上嘴唇在这些肌肉的影响下，几乎提升到最高位置，将上齿全部露出，甚至还会露出部分上齿牙龈。牙齿的露出会增加笑容的感染力。

当然，就像我们在微笑中讨论过的，如果一个人在笑的时候只有嘴部动作而没有眼部的参与往往是在假笑一样，大笑时眼部肌肉也会有明显的变化。眼轮匝肌和颧大肌的单独收缩，都会向上提升脸颊。因此大笑时二者的共同收缩，会让脸颊在双倍力量的提拉下隆起并向上提升，表面皮肤变得光滑紧绷。笑容一旦开始，脸颊的隆起和变圆就会随之出现，等到笑容饱满之后，脸颊的提升和隆起是整张脸上最明显、变化最大的形态，呈苹果形。一个人在大笑的时候，下颚会下垂，以便配合嘴巴张大。与惊讶和恐惧不同的是，大笑时的下巴不但下拉，还会向颈部移动。下嘴唇也会被大幅拉伸，表面变平滑。上唇在颧大肌、提口角肌、提上唇肌和上唇鼻翼提肌的共同作用下提升，其提升程度充分，鼻翼两侧挤压出来的鼻唇沟也格外深长。而伪装的大笑通常不会让嘴部的形态改变到这种程度。

从眼睛到脸颊，再到嘴巴，形成标准笑容形态特征：前额和眉部松弛而自然：眼轮匝肌收缩，造成下眼睑提升、绷紧、凸出，比正常状态遮住更多的虹膜，上下眼睑呈现出挤压式闭合趋势，会在眼角处形成褶皱；颧大肌的收缩会使嘴角向斜上方拉扯，配合痉挛式呼吸的强度做出张嘴或闭嘴的形态。在自然状态下，上唇会提升，露出上齿，下唇则形态不一，下齿很少露出，即便露出，面积也明显少于上齿；两组主导肌肉的运动，共同造成脸颊隆起，看起来饱满圆润，并造成下眼睑下方的笑容沟纹。

平时话不多却放声大笑的人，他们大多是外冷内热型，是非常可靠的朋友。在与陌生人交流中，他们显得十分内向，甚至木讷，但实际上，他们只是不适应迅速与人交心。在与他们交往一段时间以后，你就会发现，他们对朋友十分友爱，在一定的时候，可以为朋友做出牺牲。所以，虽然他们看上去并不是很爱交际，但真心想和他们交朋友的人却并不少。

微笑的力量

西方有句著名的谚语："只用微笑说话的人，才能担当重任。"大家一定都有过类似的经历，我们不喜欢某个人或者某个屋子，只是因为这个人或者这间屋子的人总是挂着一张苦瓜脸。"己所不欲，勿施于人"，既然我们排斥这样的表情，当然平时也不要总是阴沉着脸。微笑，一个不需花费任何力量的动作，有时候却能够产生巨大的力量。有这样两则关于微笑力量的故事：

一个宁静的欧洲小镇上住着一个亿万富翁，但他却过得非常不快乐。有一天，当富翁垂头丧气地在街上行走时，一个小女孩从远处走来。小女孩用她天真无邪的眼神看了一眼富翁，继而给一个甜美的微笑。第二天，发生了一件令所有人吃惊的事情。富翁拎着一个旅行包离开了小镇，到外面的世界去寻找梦想和快乐。临行前，富翁赠送给小女孩一笔价值可观的财富。富翁之所以这么做，就是因为小女孩的微笑点燃了他心中的希望，唤醒了他心中沉睡多年的快乐。

很多人无法理解，一个微笑有这么大的魔力，让富翁重获希望，让小女孩获得巨额财富。

无独有偶。在苏格兰的北部海岸，有一处伸入海中的陡峭悬崖。此悬崖地处偏僻、形势险峻，时常有轻生的人选择在这里跳海自杀，因此被当地人称为“自杀海岸”。在“自杀海岸”附近，住着一位名叫肖恩·道格拉斯的退伍上校，几十年来不断把一些自杀者从死亡的悬崖前召唤回来。这位了不起的老上校究竟凭借什么力量让自杀者放弃了疯狂的念头？说起来有些不可思议，这位驰骋疆场的军人所使用的武器就是微笑。每当老人在自己家窗口发现有人企图跳崖时，他就会悄悄走过去，彬彬有礼而又不失庄重地向轻生者打招呼：“你为什么不过来喝杯咖啡呢？”而那些在悬崖边徘徊的人回过头来时，看到的是一张面带微笑的善意笑脸，那慈祥、真诚、柔和、温暖的笑容，常常让对方自杀的念头瞬间土崩瓦解。此时，他会再次发出邀请：“到我家里喝杯咖啡吧，我们可以聊聊天……”就这样，肖恩·道格拉斯凭借真诚的微笑，在五十多年时间里，挽救了一百六十多条生命。他也因此被称为“和死神赛跑的人”。

微笑的力量无人能挡，人类普遍喜欢看笑脸。北京奥运会留给人们很多美好的回忆，而最具代表性的当属由焰火礼花在天空中打出的笑脸以及在世界各地搜集的笑脸。微笑是世界上最美丽的语言，正如古希腊哲学家苏格拉底所说：“除了阳光、空气、水和微笑，我们还需要什么呢？”微笑可以展示幸福、快乐、希望，它更是我们拉近与他人心理距离的重要的非语言工具。在日常生活和交往中，要想使自己更具魅力，就必须用好微笑这个法宝。

人们捕捉笑脸的速度要远远快于消极的面孔。据科学家的计算，人类可以在 300 英尺外看到其他人脸上的微笑，这个范围相当于一个橄榄球场的面积。

公平是法庭判决的基础，但一项研究表明，法官往往会轻判那些面带微笑的犯人——这种现象被心理学家称为“微笑宽大效应”。笑容和我们大笑时的表情很相似，这时的笑容表示发自内心的快乐，表示对别人是友善的。不论是黑猩猩还是人类，这样的笑都是为了获得积极的反馈。

研究发现，人的笑容是由两套肌肉组织控制的。第一是颧骨处肌肉，它可以带动嘴巴微咧，双唇露出牙齿，面颊提升，然后将笑容扯到眼角上。第二部分肌肉是眼轮匝肌，它可以通过收缩眼部周围的肌肉，使眼睛变小，眼角出现褶皱，也就是人们常说的“鱼尾纹”。

颧骨处的肌肉是人们可以有意识地控制的，在没有开心的事情发生时也可以调动这部分肌肉来制造虚假的笑容。但是，眼轮匝肌却是不受人们的意识主动控制的，因此，它调动起的笑容一般都是发自内心的真心笑容。要想看一个人的微笑是否发自内心，我们可以看他微笑时眼角是否有“鱼尾纹”。因为敷衍或虚假的笑容只能引起双唇四周肌肉的收缩，而发自内心的开心不仅会使双唇后扯，嘴角上提，还会带动眼轮匝肌的运动。只有这种发自内心的微笑才能感染别人。

如果在一个团体中，有一两个人情绪特别积极高涨，不一会儿之后，整个团体的人都会情绪高涨起来；而假如一个团体当中有那么一两个人情绪低落，他并不会对整个团体的情绪影响太大，除非这个团体是以他为核心的。由此可见，微笑及高兴情绪所引起的正面反应，会比焦虑或低沉的情绪引起的负面反应的力量要强大得多，也就是说微笑具有压倒性的传染力。一个小孩平均每天会笑 400 多次，而成人则只会笑 15 次左右，这也许正是小孩为什么能给人带来更多快乐的原因吧！

通过微笑辨别谎言

谎言在日常生活中极其普遍，有人曾经统计过，平均下来，每个人在 10 分钟内要撒 3 次谎。与之相比，美国麻省理工学院的一位心理学家所说的每人平均每日最少说谎 25 次还比较容易令人接受。之所以这么频繁，是因为谎言会掩盖人的真实想法。绝大多数人都无法准确地区分真笑与假笑，而且只要看见有人冲我们微笑，我们大都会有一种满足感，而从来不会去思考这笑容究竟是真还是假。由于微笑具有让人放松戒备、消除敌意的作用，所以大多数人常常错误地把它当成撒谎者的专利。

埃克曼教授的一项研究表明，当人们刻意由谎言掩盖事实真相的时候，大多数人的表情都会比平时更加严肃。埃克曼相信，这是因为撒谎者大都意识到了这样一个事实：大多数人都会把微笑和谎言联系在一起，所以他们会有意识地克制自己，尽量不露出笑容。

人维持一个正常的表情会有几秒钟，但是在“伪装”的脸上，真实的情感会在脸上停留极短的时间，所以你得小心观察。一个有代表性的事件就是在莱温斯基事件中，美国前总统克林顿每次说到莱温斯基时，前额都微微皱了一下，然后迅即恢复了平静。另外，当一个人在自以为撒谎成功时，会不自觉地嘴角上翘，可就是这转瞬即逝的小动作，就出卖了他的内心想法。

撒谎者的笑容出现速度比发自内心的真笑要快，而且持续的时间也更长，看上去就好像是戴着一个笑眯眯的面具。如果是假笑，由于我们的左右两个半脑都希望能使笑容看起来显得更加真实，所以在意识的控制之下，我们的左侧脸庞与右侧脸庞的表情并不完全相同，其中一侧的表情会显得更加夸张。控制面部表情的神经元大都集中在右半脑的大脑皮层中，而这部分大脑只能向我们的左半身发送指令。所以，当我们刻意地想在脸上堆满笑容的时候，左侧脸部的笑容就会比右侧脸部的更加明显。可如果是发自肺腑的真心微笑，由于无须刻意地假装，所以我们的左右两个半脑向身体两侧所发送的指令就是对称的，而两侧脸庞的笑容也就不会有任何区别了。当人们撒谎时，左侧脸庞的微笑看起来会显得比右侧的更加明显。

俗话说“做贼心虚”，再高明的撒谎者在心口不一时也不会与说真话时的表情一样，其中只有“功力”的高低差异而已，间谍、卧底、骗子这些“专业人士”只是由于经过训练，一般人难以识别。对于普通人来说，还会因为撒谎时的尴尬而出现脸红、出汗、呼吸急促、清理喉咙、嘴唇干裂、目光转移、摸鼻子、捂嘴、挠头等小动作。只要不断学习，加强训练，你也可以练就一双火眼金睛来识别谎言。

愤怒和悲伤的人也会笑

一般来说，笑往往是一个人心情愉快、高兴的反映，但这并不意味着凡是笑都是心情愉快、高兴的意思。在某些时候，笑也是一个人悲愤、愤怒、绝望、无可奈何等情绪的表现。

通常情况下，当一个人悲愤、哀伤的情绪到达顶点后，他不会表现出暴跳如雷的样子，相反，他的脸上还会露出几丝微笑，态度也表现得较为谦恭。这实际上表明此人已处于“火山爆发”的边缘，他心中的怒火随时可能喷涌而出，一泻千里。比如，两个年轻人因为某件小事吵了起来，双方谁也不肯让对方半点，于是吵得越来越凶，两人的情绪也越来越激动。当彼此的口角矛盾到达顶点后，一方脸上可能没有了怒气，代之而起的是满面笑容，以及较为谦恭的态度。如果你据此认为脸上出现笑容的一方是害怕了，那就大错而特错了。他脸上之所以会出现笑容，根本原因就在于他认为自己心中的愤怒快要出窍了，其对对方的敌意也到达了最高点。所以，他用自己的笑容来向对方暗示：你不要再说了，不然我对你不客气，因为我已对你忍无可忍！如果对方依旧不依不饶地在喋喋不休，那么他极有可能将雨点般的拳头“挥洒”

在对方身上。

在熙熙攘攘的火车站，我们经常可以看见这样的情形：一个人肩背大包，手拉旅行箱，匆匆忙忙地向检票口走去。当他到达时，检票口的门已经紧紧关上了，此时他可谓是“喊天不应，叫地不灵”。于是他一边看着列车缓缓地从站台上驶出，一边懊恼地用手拍打着检票口的门和用脚跺着地，同时脸上还出现了几丝笑容。没有赶上自己的车，懊恼得用手拍门、用脚跺地，脸上却露出了几丝笑容，这当然不是愉快、高兴的意思。那如何来解释这种笑容呢？其实，这是一种无可奈何的笑，一种自嘲的笑，是掩饰自己内心的失望和窘态的一种手段。

很多人遇到不高兴的事，或是遭遇某种重大的失败或挫折后，往往会到酒吧买醉。喝醉后，他们往往会在那里大笑不已。这是否表明他们已经想明白了？或是已经想通了？非也，这个时候，他们的心情可能已经到了悲愤、失望，乃至绝望的巅峰。因而，他们此时的笑，是一种无比绝望、无比痛苦、无比伤心的笑。

由此可见，不仅笑的种类丰富多彩，而且蕴含的具体含义往往也是意味深长的。所以，复杂多样的笑蕴含的众多信息，的确值得我们好好品味、分析、探索。

第五章 从言谈中破译对方心态

美国著名的心理学家 A·迈拉比昂通过研究，将人们在初次见面时，对对方的印象根据语言、声音、容貌划分了比例。他认为容貌占了第一印象中 55% 的比重，而声音占了 38% 的比重，只有 7% 被语言占据。在第一印象中，外貌的重要显而易见，但声音真的就比语言重要那么多吗?

不管你相不相信，答案是肯定的。由此看来，人们在言谈中，声音还是相当重要的，但言谈也同样重要，因为语言是人们沟通的桥梁，是人与人之间信息交流的工具。

从闲谈中破译对方心态

如何从一个人语言的密码中破译对方的心态呢？闲谈是一种比较好的方式。因为闲谈大多是在一种轻松愉快的氛围下进行的，这会使对方在心理上除去防线。

第二次世界大战中期，东条英机出任日本首相。因此事是秘密决定的，各报记者都很想探得秘密，竭力追逐参加会议的大臣，但是却一无所获。这时候，有位记者用心研究了大臣们的心理定式：大臣们不会说出是谁出任首相，假如问题提得巧妙，对方会不自觉地露出某种迹象，有可能探得秘密。于是，他向一位参加会议的大臣提了一个问题：此次出任首相的人是不是秃子？因为当时有三名候选人：一个是秃子，一个是满头白发，一个是半秃顶，这个半秃顶就是东条英机。在这看似无意的闲谈中，这位大臣虽然没有直接回答出具体的答案，但聪明的记者从大臣思考的瞬间就推断出了答案，因为大臣在听到问题之后，一直在思考半秃顶是否属于秃子的问题。这位记者于是从随意的闲聊中套出了他需要的独家新闻。

平时在与人谈话时，一些见识浅薄，没有心机的人就会很容易把自己的不满情绪倾诉给你听。对于这种人，你不应和他保持更深更多的交往，只需当作一个普通朋友就行了。

假如你和对方相识不久，交往一般，而对方就忙不迭地把心事一股脑儿地倾诉给你听，并且完全是一副苦口婆心的模样，这在表面上看来是很容易令人感动的。然而，转过头来他又向其他人做出了同样的表现，说出了同样的话，这表示他完全没有诚意，绝不是一个可以进行深交的人。

这种人对一切事物都没有什么深刻的印象，千万不要附和他所说的话，最好是不表示任何意见，只需唯唯诺诺地敷衍就够了。

还有一类人，他们唯恐天下不乱，经常喜欢散布和传播一些所谓的内幕消息，让别人听了以后感到忐忑不安。其实，他们这样做的目的是为了引起别人的注意，满足一下他们不甘久居人下的虚荣心。他们并不是心地太坏的人，只要被压抑的虚荣心获得满足之后，他们也就消停无事了。

以倾听方式出现的人，其表现是支配者的形态。这种人物的言语从不涉及自己的事，或有关自己身边的人。他们的话题反而是涉及别人的一些琐事，或对方的隐私秘闻，甚至对对方的一举一动或每条花边新闻都捏着不放手，这是完全彻底地侵犯别人的隐私。

由此可见，他是个沉迷于闲谈名人或明星风流轶事的人，也说明他很难拥有真正的知心朋友。这类人或许是因为内心生活很孤独，没有生命的激情。一个人过于关心自己不太熟悉的事情，并且十分热心去谈论它们，都是表示他内心世界的孤独和空虚。

在现实生活中，还有这样的一类人，他们无论在何种场合与别人交谈时，都爱把话题引到自己的身上，吹嘘自己当年如何奋斗的经历，唯恐别人不知道他的光荣历史，而结果，并不像他想象的那样好。

其实，从某个方面来分析他，可以发现他是个对现实不满的人。虽然他没有用怨恨的语言倾诉他的想法，相反是用自我表现的方式表达出来。事实上，他还不知道这种自我吹嘘的言谈，很难适应时代的变化。或许他是个不折不扣的失败者，完全靠怀旧来过生活。不过可以看出他确实陷入某种欲求不满的环境中，可能他的升职途径遭受阻碍，或者无法适应目前所处的环境，所以他希望忘却现实，喜欢追寻往事。这是一种倒退的现象，从他的话题里，别人会发现他的内心深处正潜伏着一股无可救药的欲望和不满。

分析一个人的内在表现时，他的潜在欲望不但隐藏在话题里，也存在于话题的展开方式上。在聚会上，大家彼此正在交谈时，有人竟然不顾别人的谈话，而突然插进毫不相干的话题，这是相当令人讨厌的行为。

有的人在和别人谈话时，经常把话题扯得很远，让你摸不着头绪，或者不断地变换话题，让别人觉得莫名其妙。这说明这种人有着极强的支配欲和自我表现意识，在他的意识中，很少把别人放在眼里，而完全摆出一副我行我素的模样，让别人都去听从他的主张，以他的意见为主导。

一般说来，政府官员或企业的领导，会有滔滔不绝谈话的习惯。其实，透过这种表面的现象，可以看出他担心大权旁落的心理状态。也可以说，他是一个喜欢占据优势地位的人。

话题的内容不断变化固然是个好现象，但谈得离谱，一切都显得毫无头绪的样子，那就会使听众感到索然无味。假如他是个普通人，总谈些没有头绪的话题，或者不断改变话题，东拉西扯，那就表示他思想不集中，给别人留下支离破碎的印象，这说明他是个缺乏理性思考的人。

一个优秀的谈话者，常将对方引出来的话题加以分析、整理，结果不断地从对方身上吸取许多知识和信息。在一般情况下，有的人将全部注意力放在倾听对方的谈话上，从性格上讲，这一类型的人很想理解别人的心思，而且具有宽容的心态，有真正的君子风度。

苏东坡是宋代文学家，他极具语言的天赋，长于雄辩的他，却非常注重别人的谈话。有时和朋友聚会，他总会静下心来，听他们高谈阔论。一次聚会中，米芾问苏东坡："别人都说我癫狂，你是怎么看的？"苏东坡诙谐地一笑："我随大流。"众友为之大笑。即使是朋友间的不同观点，他也以"姑妄言之，姑妄听之"的态度对待。

经常使用如"嗯……还有……""这个……""那个……"等句式的人，表示他的话不能有条理地进行，思考无头绪，思绪无条理。但即使同样使用连接词，常用"但是……""不过……"的人，一般可以认为其思考力较强。所谓能言善辩、头脑敏锐的人，就是指此类的人。但是如果此种语调反复出现多次，其理论也随之翻来覆去，迫使对方紧随不舍，不知不觉中被人牵着鼻子走，失去了招架之力。

经常使用这种表现手法的人大都比较慎重。也正因如此，说话难免时断时续，只好在重新整合之后才可以继续下去，这是一种缺乏自信心的表现。

从客套话中看人心

在人际关系中，最容易被破译密码的语言就是客套话。客套话的存在，是社会发展的必然结果。但是客套话要运用恰当，如果过分牵强而显得不自然，可能此人别有用意。客套话的反面是粗俗语，一些人会对自己心仪之人说出随意的言语，以示双方的关系非同一般，给人以亲密之感。在毫无隔阂的人际关系中，并不需要使用客套话。不过，当在此种亲密的人际关系里，突如其来地加入客套话的时候，就必须格外小心。有时候，男女朋友之某一方，如果使用异乎寻常的客套话时，那就很可能是心里有鬼的征兆。

用过分谦虚的言辞谈话时，可能在表示强烈的嫉妒、敌意、轻蔑、警戒等等。语言是测试双方情感交流的心理距离的标准。客套话使用过多，并不见得完全表示尊敬，往往也可能含有轻蔑与嫉妒的因素。同时，在无意中会将他人与自己隔离，具有防范自己不被侵犯的防卫功能。

某些都市人对外乡人说话很客气。这从另一个角度看，或许是一种强烈的排他性的表现。因此，往往无法与人熟识，往往就给人以冷淡的印象。以此类推，假使交情深厚的朋友，仍不免使用客套话时，则很可能内心存有自卑感，或者已经隐藏着敌意。

喜欢使用名人的用语和典故的人，一般来说大部分都属于权威主义者，他们经常使用别人的语言来表达自己的意思，以透露出自我扩张的表现欲。

假如他开口闭口就爱抬出一大堆晦涩难懂的语言或名人名言，就会让听者有一种走错庙门的感觉。事实上，他这样做只是用语言掩饰自己的弱点。他这样做，无非是想加强说话的分量，同时也表示自己的见多识广，以此抬高身份和扩大自己的影响。

从语言风格中识个性

我们不少人都难以避免出席会议或主持会议。有的人可以在规定的时间内完成会议内容，而且使与会者满意而归；也有的人长篇累牍、喋喋不休，直到把所有的与会者催睡着了。主持会议虽然与主持者的自身修养和知识程度有关，但性格所起到的作用也不能漠然视之。

1. 简捷明快、豁达干练的人

这种人快言快语、办事雷厉风行，对工作对生活都充满信心，做事必须精心准备。主持会议亦清晰明了，内容安排得当，讲话时条理清晰，言之有物，令与会者为之钦佩。此类人可以胜任重要工作岗位的领导工作。

2. 说一不二的人

此类人有一定的身份、地位和手段，对自己目前所拥有的一切满怀信心，而且坚信自己会拥有更多更美好的东西。他们的发展通常是靠自己的真才实干，顽强的意志力是他们取得成功的保证。他们做事总是胸有成竹、遇惊不乱，很有大将风度，但极易固执己见，不容他人置疑，专断独行。

3. 把会场当课堂的人

这类人的名片上通常印有“专家”两个字，他们学有专长，往往是单位或公司某一项业务的权威。开会的时候，他们会以老师的姿态站在与会者面前，不厌其烦地讲解“学生们”不明白或懂得不彻底的理论和观念，常常忘记了时间、地点和自我，让与会者哈欠连天，瞌睡连连。

说话方式与行为模式的关联

根据心理学家的研究证实，个人的说话方式反映了其内心深层的感受。

每一个人的说话习惯皆不尽相同，经过统计归纳结果发现，一个人的说话习惯与其行为模式有直接关联，有时可利用这种关联作为识人的基本资料。

习惯把“我”挂在嘴边的人，具有幼稚、软弱的性格。根据心理学家的研究，谈话中频频使用“我”的人，自我表现欲强烈，时时不忘强调自己，唯恐别人忽略。而习惯使用“我们”或“大家”来代替“我”的人，具有随声附和或依附团体的性格。喜欢在谈话中引用“名言”的人，大多属于权威主义者。不论场合、不分谈话对象和主题，在与别人的交谈当中，会使用名人的格言来驳斥对方或证明自己论调的人，往往缺乏自信，习惯借助他人之名来壮大自己的声势。说话时如此，在生活和工作中也有类似的“狐假虎威”现象。

说话时喜欢夹杂几句外语，令听者感到困惑和别扭。这种类型的人通常希望借着语言来掩饰自己的弱点，多半是对于自己的学问、能力缺乏自信所致。

谈话中喜欢引用长辈说过的话，比如，常将“我妈说”挂在嘴边的人，表示其在心理和精神上尚未独立。而有些女性喜欢借用母亲的话来表现自己的意志，如“我妈妈说你很有风度”等，表明此人心智尚未成熟，缺乏独立自主的个性。

下面的几点是告诉人们怎样通过观察说话方式而知其心理的具体办法：

（1）在正式场合中发言或演讲的人，开始时就清喉咙者多数是由于紧张或不安。

（2）说话时不断清喉咙，改变声调的人，可能还有某种焦虑。

（3）有的人清嗓子，则是因为他对问题仍迟疑不决，需要继续考虑。一般有这种行为的男人比女人多，成人比儿童多。儿童紧张时一般是结结巴巴或吞吞吐吐地说：“嗯”“啊”，也有的总喜欢习惯性地反复说：“你知道。”

（4）故意清喉咙则是对别人的警告，表达一种不满的情绪，意思是说：“如果你再不听话，我可不客气了。”

（5）吹口哨有时是一种潇洒或处之泰然的表现，但有的人会以此来虚张声势，掩饰内心的惴惴不安。

（6）内心不诚实的人，说话声音支支吾吾，这是心虚的表现。

（7）内心卑鄙乖张的人，心怀鬼胎，声音会阴阳怪气，非常刺耳。

（8）有叛逆企图的人说话时常有几分愧色。

（9）内心渐趋膨胀之时，就容易有言语过激之声。

（10）内心平静的人声音也会心平气和。

（11）心内畅达之人，言谈自有清亮和平之音。

（12）诬蔑他人的人闪烁其词，丧失操守的人言谈吞吞吐吐。

（13）浮躁的人喋喋不休。

（14）善良温和的人话语总是不多。

（15）内心柔和平静的人，说话总是如小桥流水，平柔和缓，极富亲和力。

说话的速度和语气透露内心世界

说话的速度快慢与一个人的性格绝对有关联，一个慢性子绝不会说出连珠炮般的话语来；而同样一句话，有可能因为语气不同，而使得意思完全走样。所以懂得从一个人谈话的速度和语气去了解对方的个性，无疑是掌握了一把开启对方心理状态的钥匙。

说话速度快的人，大多性子急躁；而那些说话慢条斯理的人，多是慢性子，不管遇到什么事情，反应总是比别人慢半拍。另外，通常不满意对方或心怀敌意时，言谈的速度就会放慢；相反地，当心里有鬼或想欺骗他人时，说话的速度大多会不由自主地加快。一个平时沉默寡言的人，突然之间变得能言善辩、喋喋不休，表明心里有秘密或心虚，想用快言快语作为掩饰。

充满自信的人，谈话时多用肯定语气；缺乏自信或性格软弱者，说话的节奏多半慢条斯理、有气无力。

喜欢低声说话的人，不是缺乏自信就是女性化的表现；而那些说起话来没完没了，希望话题无限延长的人，其内心潜藏着唯恐被别人打断和反驳的不安，这种人常以盛气凌人的架势一直说个不停。

喜欢用暧昧或不确定的语气、词汇作为结束话题的人，通常害怕承担责任。他们经常使用条件句，如“这只是我个人的看法”“不能一概而论”“在某种意义上”或“在某种情况下”，等等。

聆听他人讲话时，眼光始终无法集中，不是东张西望就是玩弄手指头或手机，表示其对谈话者感到厌烦；而频频重复对方的话，表示其对此谈话内容具有高度的耐心与好奇心。

听别人谈话不停地点头的人，表示他正认真地听对方讲话。而即使频频点头示意，但视线不集中于对方身上的人，表示对对方的话题并没有产生共鸣；点头次数过多，或者胡乱附和的人，多半不了解对方谈话的内容；一面讲话一面自我附和的人，大都不容许对方反驳，性情极为顽固。这种人往往无法与听者进行交流，总是一个人唱独角戏，唯我独尊。

从说话韵律看透他人

在言谈方式中，除了音感和音调之外，语言本身的韵律也是重要的因素。

充满自信的人，谈话的韵律为肯定语气；缺乏自信的人或性格软弱的人，讲话的韵律则慢慢吞吞。其中，也会有人在讲一半话之后说“不要告诉别人”而悄悄说话。此种情况多半是秘密谈论他人闲话或缺点，但是内心却又希望传遍天下的情形。

话题冗长，需很长时间才能告一段落，这说明谈论者心中潜存着唯恐被别人打断话题的不安。唯有这种人，才会以盛气凌人的方式谈个不休。至于希望尽快结束话题交谈的人，也有害怕受到反驳的心理，所以无奈听任对方。

另外，经常滔滔不绝谈个不休的人，一方面目中无人，另一方面好表现自己，并且，这种类型的人一般性格外向。

一个成功的人，在控制言谈的韵律方面有独到之处。这种细节性的处理方式，使自己赢得了社会或下属的认可与尊重。

说话比较缓慢的人，大都是性格沉稳之人，处事做人就是通常所说的慢性子。从言谈的韵律上可以看出一个人的性格特征。

五代时，冯道与和凝同在中书省任职，冯道说话做事都很缓慢，而他的同事和凝则是个性急的人，办事果断，做人颇为自信。

由于性格上的差异，两人经常为一些小事而意见不合。有一天，和凝看到冯道买了一双鞋，认为款式不错，他也很想买一双，就问冯道："先生这双鞋多少钱？"冯道慢慢地举起右脚缓缓地对和凝说："这只九百钱。"和凝素来性情急躁气量又小，听到这里，便对手下人大发脾气："你怎么不告诉我这种鞋子要用一千八百钱？"正想继续责骂，这时，冯道又慢慢地抬起左脚说："这只也九百钱。"和凝听后怒气才消解。

口头语最能见个人本性

口头语言是人们在日常生活当中由于习惯而逐渐形成的，具有鲜明的个人特色。在生活当中，绝大多数人都有使用口头语的习惯，一般来说，通过它可以对一个人进行观察和了解。

经常连续使用"果然"的人，多自以为是，强调个人主张，以自我为中心的倾向比较强烈。

经常使用"其实"的人，自我表现欲望强烈，希望能引起别人的注意，他们大多比较任性和倔强，并且多少还有点自负。

经常使用流行词汇的人，热衷于随大流，喜欢浮夸，缺少个人主见和独立性。

经常使用外来语言和外语的人，虚荣心强，爱卖弄和夸耀自己。

经常使用地方方言，并且还底气十足、理直气壮的人，自信心很强，有属于自己的独特的个性。

经常使用“这个……”“那个……”“啊……”的人，说话办事都比较小心谨慎，一般情况下不会招惹是非，是个好好先生。

经常使用“最后怎么样怎么样”之类词汇的人，大多是潜在欲望未能得到满足。

经常使用“确实如此”的人，多浅薄无知，自己却浑然不觉，还常常自以为是。

经常使用“我……”之类词汇的人，不是软弱无能想得到他人的帮助，就是虚荣浮夸，寻找各种机会强调自己，以引起他人的注意。

经常使用“真的”之类强调词汇的人，多缺乏自信，唯恐自己所言之事的可信度不高。可恰恰是这样，结果往往会起到欲盖弥彰的作用。

经常使用“你应该……”“你不能……”“你必须……”等命令式词语的人，多专制、固执、骄横，但对自己却充满了自信，有强烈的领导欲望。

经常使用“我个人的想法是……”“是不是……”“能不能……”之类词汇的人，一般较为和蔼亲切，待人接物时，也能做到客观理智，冷静地思考，认真地分析，然后作出正确的判断和决定，不独断专行，能够给予他人足够的尊重，反过来也会得到他人的尊重和爱戴。

经常使用“我要……”“我想……”“我不知道……”的人，多数是思想比较单纯，爱意气用事，情绪不是特别稳定，有点让人捉摸不定。

经常使用“绝对”这个词语的人，武断的性格显而易见，他们不是太缺乏自知之明，就是自知之明太强烈了。

经常使用“我早就知道了”的人，有表现自己的强烈欲望，只能自己是主角，自己发挥。但对他人却缺少耐性，很难做一个合格的听众。

另外，口头语经常挂在嘴边的人，大多办事不干练，缺乏坚强的意志。有些人，说话时没有口头语，这并不代表他们从未有过，可能以前有，但后来逐渐地改掉了，这显示出一个人意志力的坚强和追求说话简洁、流畅的精神。

若想通过口头语言更好地观察、了解和判断一个人的性格如何，需要在生活和与人交往中仔细、认真地揣摩、分析，这样才会收到良好的效果。

从谈话特征中识破他人心理

一个人的谈话特征在很大程度上体现了这个人的本性，因此，一个高明的人能够根据谈话的特征来识破不同人的不同心理。

1. 谈话时沮丧、疲累、精神不振

一看就知道面色不佳，说起话来唉声叹气，好像如临世界末日，一切希望都没了。

这种人外表上的特点是：沮丧疲累、精神不振。有这种表现的人，大可判定为对自己早就失去了信心。

进一步分析，他有下面的性格：

（1）自寻苦恼，常为不必要的事而终日忧愁。

（2）由于对自己失去了信心，并缺乏理智的判断力，工作生活一团糟。

（3）容易相信卜卦者之言。

这样的人对上司交代之事，总是无法如期完成，即使如期完成，也是缺陷繁多，还得大肆修改。

2. 谈话时不正视对方

相对而坐时，不注视对方，总是垂着头听，偶尔抬起眼睛看对方一眼，但是，很快就又垂下头来。

有这种现象的人，以女性职员居多。

据此来判断对方的个性：

（1）个性胆怯。

（2）缺少魄力，做事没有持久力，平时也显得死气沉沉毫无活力可言。

（3）意志不坚，容易随波逐流。

3. 不断地把视线移开

跟别人交谈时，摆出不大重视对方的态度，这是表示：

（1）暗中观察对方，盘算如何还击。

（2）不是方正之士，必有所防范。

假设这种移开视线的动作是发生在交谈之中，那就表示：感到疲倦，无意倾听，他心里想的只是“快一点结束该有多好”。

遇到这种情况，你就及早地结束谈话，定一个时间，下次再好好谈。

双方在交谈时，视线难免会相遇，如果对方在此时连忙移开视线，该做下面的判断：

（1）他的内心有某种苦衷，或是有意隐瞒什么。

（2）急急避开视线，表示担心你发觉到他的心事。

（3）再不就是性格懦弱，不敢直视对方。

视线相碰的时候，直视对方，绝不避开，这种人的性格，通常是方正之士，待人以诚，绝不耍弄什么诡计，是意志坚强、自尊心强的表现。

4. 下巴朝上

一般人谈话时绝少“下巴朝上”，因为这个动作有侮蔑、轻视人的意思。

下巴缩紧，给人的印象是坚毅不屈。交谈中下巴经常朝上（没有缩紧），就表示有下面几种可能：

（1）情绪不宁，没有定力。

有意表示自己跟对方是处于平等的地位。

（2）全然瞧不起对方。

有这种习惯的人，往往能力不行。

如果偶尔有这种动作（不是次次如此），可以解释为“热衷于交谈”。

5. 不断地眨眼

交谈中不断地眨眼，这种人的性格如下：

（1）很有同情心。

（2）认真地听你说的话，有意尽其所能地帮你的忙。

如果在谈话中，眼珠骨碌碌地转个不停，而且成为一种习惯，这种人的性格是：

（1）无法集中精神听话。

（2）心情不定，听不出对方话中的意思。

交谈的时候，目不转睛地盯住对方，这种人当时的心情大致如下：

（1）急于要对方赞同他的主张、意见。

（2）对自己信心十足，对交谈的事也有莫大的意愿。

6. 出口无赘词

虽然每句出口成章，但是句句无赘词，交谈中始终掌握总的核心。这种人并不多见，他性格上的特点是：

（1）不会胡乱批评别人。

（2）出口无废词的人，一般而言，脑筋灵巧，工作能力强。

不说便罢，一说起话来就口若悬河，大有誓不罢休的感觉。这种人一般说来，善于卖弄三寸不烂之舌，论实力往往是微不足道，没什么大不了。

这一类型的人性格上的特点是：

（1）能力不怎么样，但是善于掩饰自己的无能。

（2）说得多，做得少（有时候，做了也等于没做，效果很差或是错误百出）。

（3）推卸责任是他的看家本领。

相反，有一种人不善言辞，说起话来木木讷讷，光看外表，还以为是个无能之辈，实则不然。这一类型的人，性格上的特点是：

（1）善解人意，绝不让人难堪。

（2）实力之士颇多。

（3）个性正直，言行一致。

（4）少说多做，而且所做的事都有板有眼，成绩显著。

7. 自说长短

一般人绝少把自己的长短毫不隐瞒地表现出来，说个不停。可是，世上就有冲着别人猛说自己长短的人。

依据心理学上的分析，一般诚实的人，绝不会动不动就掀出自己的“底牌”让别人瞧个够。

自己的长处、短处，说来是一个人的内涵，把自己的内涵轻易公之于别人面前，是一般人不屑一顾的。

碰到这种人你要知道他的本性是：

（1）没有准则，容易见异思迁。

（2）缺少对上司、公司的忠诚度。

（3）气量太小，往往为一些小事而与人闹翻。

8. 到处夸傲

完成一件并不怎么样的事，就以为功劳奇大，逢人便说，或是拿它来压人，摆出不可一世的傲态——这种人的性格是：

（1）若居于人之上，必大摆臭架子，因此，绝不能当管理干部。

（2）热衷于被人奉承，不会成大器。

（3）虚荣心很强，没有责任感。

9. 该惭愧时仍然嘻嘻哈哈

挨了骂，就一脸愧色；受到夸赞就喜形于色；受到讥讽，就怒形于色。这是一般人惯有的反应。而有一种人，该惭愧时仍然嘻嘻哈哈，故意装作不当一回事。这种人的性格是：

（1）狡猾成性，脸皮厚。

（2）绝非干部之才。

（3）寡情寡义，可做出一般人做不出的背叛、负恩的行为。

第六章 通过情绪看人心

每个人都会有自己的小情绪，人们最普遍、通俗的情绪便是喜、怒、哀、乐、惊、恐、爱等，除了这些基本情绪外，人们还会产生嫉妒、自卑、抑郁、怯懦、恐惧等细腻微妙的情绪，而这些微妙的情绪都是人们心理状态的外在表现。

情绪心理学正是研究人们情绪的科学，我们在对情绪有了一定的认知后，就可以从心理学的角度去解读每一种独具特色的情绪现象。

情绪定律：情绪能够影响一切

情绪是每个人与生俱来的心理反应，人在情绪高涨的时候会开怀大笑，看什么都顺眼，做什么事都顺手；而人在情绪低落的时候会伤心落泪，情绪也会一落千丈，觉得做什么事情都不顺手，看什么都觉得别扭。其实，我们在情绪高涨或者低落的时候，看到的事物是完全一样的，只是因为情绪影响力，导致我们产生不同的情绪状态。

情绪定律指出：每个人都是百分百情绪化的，即使某些人在旁人看来很理性，在“理性”地思考问题的时候，也会受到此时情绪状态的影响，“理性地思考”本身就是一种情绪状态。所以说，任何一个人在任何时候都是情绪化的。

奥斯特瓦尔德是德国物理学家和化学家，由于他在物理、化学方面做出过重要贡献，于 1909 年获得诺贝尔化学奖。

一次，奥斯特瓦尔德的牙病发作，牙痛让他的情绪非常低落。他坐在办公桌前随手拿起一份论文粗略地看了一下，那是一位不知名的年轻人寄来的论文，奥斯特瓦尔德一直没有时间看，而此时他翻看论文后，觉得这位年轻人满脑子都是奇谈怪论，便顺手将那篇论文扔到了垃圾桶里。

过了两天，奥斯特瓦尔德的牙痛消失了，此时他的情绪也好了很多。他在做实验的时候，突然脑海中闪现出几天前看到的那篇年轻人的论文，他突然感觉其中的一些观点很有研究价值。于是，他急忙跑去翻找垃圾桶，总算找到了那篇被他丢弃的论文。此时的奥斯特瓦尔德情绪很好，他坐下来认真地阅读了年轻人的论文，结果他发现论文非常有科学价值，于是他马上给杂志社写了一封信，并且向杂志社推荐了这位年轻人的论文。

后来，这篇论文在杂志上发表了，其中的观点轰动了整个学术界。

试想，如果奥斯特瓦尔德的情绪没有在短时间内有所好转，那么这位年轻人的才能或许会被永远埋没。

生活中，我们总会遇到一些不如意或者不适应的状况，而这些层出不穷的状况也会影响我们的心情，牵制我们的情绪，影响我们对一些事情的处理，影响我们对一些观念的看法。

情绪的力量是强大的，所以我们要认真看待这一结果。当我们遇到问题后，不要压抑自己的情绪，让坏情绪尽早宣泄出去，或者转移注意力，去做一些其他的事情，或者寻找一些快乐的事情，让好情绪抵消坏情绪，从科学的角度理性地控制情绪。

嫉妒：笼罩在幸福外的恶魔

当一个人看到别人在某些方面的能力比他强，或者做某些事情比他顺利时，这个人就会不自觉地产生一种由羡慕到恼怒继而到忌恨的心理态度，这种情绪就是嫉妒。

嫉妒是人的众多情绪中的一种。在情绪心理学中，没有一种情绪比嫉妒更普遍，嫉妒几乎是所有人共有的一种本能。我们通常所说的“红眼病”“吃醋”“吃不到葡萄说葡萄酸”都是嫉妒的一种表现。当人们在竞争某一利益时，对最终的幸运者或潜在的幸运者会持冷漠、贬低、排斥，甚至可以说是敌视的态度。一个人的美貌，一个人的聪明才智，一个人的地位，一个人的财富，一个人获得的荣誉、成就、威望等都能成为其他人嫉妒这个人的原因。

1857 年，迈克尔·法拉第被英国皇家学会会员推选为会长，但这一结果却被法拉第本人谢绝了。

法拉第走向科学之路并不容易。法拉第的父亲是位铁匠，家境十分贫寒，他在上了短短的两年学后，不得不中断学业，去做装订学徒。法拉第在装订书报的同时，有机会接触了很多方面的知识，随着他读的书报越来越多，他也越来越相信科学家在某些方面比其他人更纯洁、更高尚。那一刻，法拉第就立志要成为一名科学家。

1812 年，法拉第的一位顾客送给他贝克林讲座最后 4 次演讲的门票。他拿着获赠的门票，赶到英国皇家学会，细心地聆听了英国著名化学家汉弗里·戴维的讲座。法拉第将讲座的内容详细记录下了，并且在其中加入了大量的彩色插图，整理成一本 386 页厚的笔记。法拉第将这本笔记装订好，送给了学会会长。

法拉第的这一举动并没有得到会长的任何回复，后来他只得将笔记直接寄给了戴维本人。那时戴维因为感染伤寒正在疗养，他看到这本精心记录的笔记后非常感动。第二年，法拉第就成为戴维的实验助手，但是他的薪水却比学徒低很多。

此后，法拉第利用自己的天赋，协助戴维发明了矿工安全灯。但是在法庭上宣誓作证时，法拉第却毫不客气地指出矿工安全灯还有一些缺点，他的这一举动令戴维颇为不满。

矿工安全灯经过改进后，在后来的应用中挽救了无数矿工的性命，被人们亲切地称为“戴维灯”，但很少有人知道，这项发明中也有法拉第奉献出的光和热。

1821 年，法拉第发明了世界上第一台电动机，并为此发表了论文。不过，他很快就后悔了，他意识到自己在论文中并没有提戴维和威廉·沃拉斯顿，戴维算是自己的导师，而威廉·沃拉斯顿在他之前也曾做过类似的实验，只是都失败了。

戴维有些无法接受被助手忽视。三年后，法拉第被提名选举为皇家学会会员，但是有一人投反对票，而这一票正是出自会长戴维，而被提名的却是当年同样被法拉第疏忽的沃拉斯顿。

在戴维去世之前，当有人问他这一生最大的成就是什么时，这位“无机化学之父”却说道：“我一生最大的发现，就是发现了法拉第。”

戴维曾以会长的身份阻止法拉第加入英国皇家学会，他那时的所作所为显然是嫉妒心在作怪，他对法拉第的成就表示出的一种嫉妒的心理，同时也是担心自己的地位会受到威胁。

当人们的内心出现嫉妒情绪后，前期会表现为攀比过程中的压力感，中期则会表现为由失望到挫败的羞愧感，后期则会表现为怨恨不满的发泄行为。

既然每个人都存在嫉妒心理，那么如何才能应对这一可怕的恶魔呢？

1. 提高自身的道德修养

开阔自己的视野，不断提高自身的道德修养，与人为善，从而避免自身因鼠目寸光而出现狭隘的意识。

2. 客观评价自己

当内心萌发了嫉妒心理时，要客观、冷静地分析自己，积极主动地调整自己的意识和行为，学会扬长避短，缩小与嫉妒对象的差距，从而达到减弱乃至消除嫉妒心理的目的。

3. 转移注意力

积极参与各种有益的活动，借助各种业余爱好，如唱歌、跳舞、练书法、下棋等转移自己的注意力。

如何正确对待嫉妒，对一个人的成功至关重要，积极型的嫉妒能够成为事业成功的动力，而消极型的嫉妒则会滋生邪恶。告诫自己，与其羡慕别人的成就，不如自己去争取成功，努力使自己事业有成，努力使自己得到社会的认可。

自卑：使人不自信的心灵黑洞

英国有一位叫弗兰林的人，他曾经在 1951 年有了一个新发现，但是由于他的自卑心理作祟，他对自己的发现产生了怀疑，因而他总是踌躇不前，结果两年后美国科学家沃森有了同样的发现，并因此获得了诺贝尔奖。

这样的事例屡见不鲜，造成这种结果的主要原因就在于当事人的自卑心理。自卑是自尊、自爱、自信、自强的对立面，是人们前进路上的绊脚石，是人们自己为自己设置的障碍。

俄罗斯著名作家契诃夫曾在他的小说《一个公务员之死》中写到这样一位主人公：一个美好的夜晚，公务官伊凡·德米特里·切尔维亚科夫心情很不错地在剧院里看戏，他打了个喷嚏，却不小心将唾沫溅到了坐在前排的一位将军的秃头顶上，这位小公务员伊凡唯恐那位将军会将自己的不慎视为冒犯，因此一而再再而三地道歉，小公务员执着地申诉自己毫无冒犯之心，他的这一举动让将军从哭笑不得到最后大发雷霆，在遭遇将军的不耐烦与呵斥后，小公务员竟一命呜呼了。

一个人会因为自己的一个喷嚏而丧命？当然不是。这个小公务员其实是丧命于他自己的自卑心理。他因为社会地位低下，所以觉得自己处处矮人半截，特别是在遇到职位比自己高很多的将军时，更是自惭形秽，在自己无意冒犯后感到惴惴不安，惶惶不可终日，这种自卑心理引起的压抑、孤独和焦虑导致他最终一命呜呼。

通常来说，有些人因为自己的家庭背景、地位、教养等自身条件的原因，会感觉自己处处不如人，所以处处谨小慎微，对他人都存在一种仰视心理，不敢坚持自己的意见等。

心理学家认为，每个人在不同的时期都会产生不同程度的自卑心理。因为每个人造成自卑心理的原因都存在一定的差别：一种人产生自卑的主要原因是因为其在实现自己远大理想的过程中存在着巨大的心理障碍，而这样的心理障碍让人们丧失自信；另一种人则是出于自身的主观感觉，用过于高的标准给自己设定了目标，当自己没有达到目标时，就会感到自卑；还有一种人过于在意他人对自己的看法，所以在听取了别人给予的不尽如人意的评价后，就会产生自卑的心理。

自卑心理是可以克服的，要克服自卑首先要明白“金无足赤，人无完人”的道理，告诉自己每个人都有优缺点。遇到问题后，首先要肯定自己的长处，要多看自己的优点，不要对自己要求过高，没有人是十全十美的。

其次，当遇到不顺心的事情时，不妨多想想曾经经过努力而成功的经历，这样也有助于我们摆脱自卑心理。

最后，学会自爱，建立自信，千万不要在自卑、自贱中迷失了自我。正如拿破仑所说：“自卑自贱，默认自己的无能，就是选择了一条失败的路，他们最擅长的手段就是逃避现实，责备自己。”多了解自己的独特之处，真心真意做好自己，增强自己的自信心理。

抑郁：让生命意识脆弱的情绪

根据有关数据显示：抑郁症已经被列为人类十大疾病的第五位，据不完全统计，全球已经有数亿抑郁症患者。虽然这种疾病的治愈率可以达到60%—80%，但是它依然严重影响着人们的生活。因为这种疾病一旦不及时发现，不合理治疗，患者自杀的可能性会大大增加，我国每年自杀的案例中有80％的人患有抑郁症。

引发人们抑郁心理的主要原因是生活中遭受了一定的挫折，从而引发情绪突然改变；或者人际关系不和睦、家庭矛盾突出引发的情绪问题；或者自尊心受挫，长期压抑着愤怒的情绪没有发作。这些情绪无法宣泄时会造成人们神经功能紊乱，从而导致疾病的发生。

吴某就是一位抑郁症患者，他在阐述自己的情绪时这样说道："我上大学后，心情并没有因此而有好转，我感觉学习负担依旧很重，每次考试的成绩也不理想。

"我跟同学间的关系也不够融洽，很多同学都和我吵过架，我感觉大家都不愿和我来往。我现在唯一的感觉就是生活枯燥无味，人生毫无意义。

"现在我的脾气很暴躁，不管是谁，只要伤害了我，我就会跟他对着干。我不能让他好受了。

"我身体的健康状况明显不好，我经常感觉乏力、心悸、胸闷、气短，有的时候还会无故感到紧张，紧张的时候话都说不顺，结结巴巴的，可是我以前说话是不口吃的。"

吴某在进行上述陈述时，表情麻木，面容憔悴，双目无神，语速很慢，感觉他说话都有些费力，只有他的意识是非常清楚的。

抑郁症案例现象其实并不在少数，特别是在大学生这一群体中，由于升学压力，他们没有时间去接受全面的心理教育，也很少受到心理方面的锻炼，很多大学生在进入大学后，因为接触到新的事物，在人际交往、集体生活等方面容易产生心理上的不适，这样的不适情绪无法排解，就会导致抑郁情绪的出现。

其实每个人都有过抑郁情绪，对大多数人来说，抑郁情绪只是偶尔出现，历时较短，只要事情过去后，抑郁情绪很快就会消失。但是有些人却无法自主地排解抑郁情绪，而且这些人会经常性地陷入抑郁的状态不能自拔。因为情绪低落，所以无法体验到生活的快乐，做事情总是无精打采，更加不愿意与人去交往，严重的还会出现食欲不振、失眠等症状，整个人的身心都会受到损害，只是如果一直让抑郁的情绪在心里积压，时间长了就会引发疾病，就无法正常地工作和生活。

避免抑郁情绪的发生一定要及时从抑郁状态中解脱出来，这就需要我们在生活中多注意以下几点：

第一，要有规律地生活。规律的生活能够让你的生活简化，让你有足够的精力去做其他的事情，每做好一件事情后，你就会感觉到多一分的成就感。

第二，扩大交往的人际圈。不要过分拘泥在自己的小天地里，多与人沟通，多结识新朋友，特别要多去认识一些活泼开朗、精力充沛的朋友，这样的朋友能让你更多地感受到世界的美好。

第三，学会宣泄不良情绪。遇到情绪低落时要善于向好朋友、家人倾诉。将不良情绪宣泄出去后，非常有利于自己情绪的平复，这样就不容易产生抑郁情绪了。

愤怒：情绪长期积压的痼疾

愤怒是一种强烈的情绪，这一情绪源自恐惧、受挫或巨大的失落感。生活中，我们经常会碰到一些烦心事，诸如地铁里被人踩到脚而对方却熟视无睹，刚从超市买回的礼品发现即将过期，单位同事总是给穿“小鞋”等等。遇到这样的情况，你会是怎么样的感受呢？相信很多人或是愤愤不平，或是大发雷霆，更有甚者会拳脚相加，进而造成更为严重的后果，这就是愤怒这个魔鬼给人带来的灾难。

其实，愤怒本是一种很自然的人类情感，每个人都有生气的时候，只是大多数人认为愤怒是“不好的”或者“负面的”情绪，这就使得人们无法健康并有效地利用愤怒。其实，愤怒是人们释放心理压力的一种方式，所以大多数人很难做到不愤怒。但是如果不顾一切后果地发泄自己愤怒的情绪，那么事情就会走向坏的极端。

一位哲人曾经说过：“愤怒以愚蠢开始，以后悔告终。”与炽热的爱一样，愤怒是人最强烈的情绪之一。但我们必须明确一点，愤怒的后果很严重，愤怒如同魔鬼，不仅会绑架人们理智的思想，还会摧残人们健硕的身体。因此，如果我们很难控制自己的情绪，那么一定要对愤怒说“不”。

一天，卡特驾车去公司上班，因为那时正是上班的高峰时段，所以路上很堵车，卡特驾着车只能像蜗牛一样前进。他非常着急，因为如果一直这么堵车，他上班就会迟到。更让他恼火的是，他前面的那位司机因为堵车干脆熄火停下来了。那位司机停车的举动将卡特的火气越点越旺，卡特开始不间断地按喇叭，但这也无济于事。卡特的脸开始扭曲了，此刻的他已经愤怒到了极点。

最终，卡特没有遏制住自己的怒火，下车跑到前方那辆车前破口大骂，而那位司机也不甘示弱，跳下车来对卡特大打出手。

拥堵的路上上演了一出惊心动魄的打斗闹剧。最后，卡特将那位司机的鼻梁骨打伤后被警察带走了。就这样，因为愤怒的情绪，卡特不仅迟到了，还因为打架斗殴的行为被公司解雇了。

卡特本来是一位兢兢业业的好职员，只是因为上班路上堵车而将愤怒的情绪以“武力”的形式表现出来，最终他的不理智让他失去得更多。

愤怒是理智的杀手，愤怒的情绪长期积压就会将你的身躯化为恶魔，不仅会对自己造成影响，也会牵扯到他人。

那么如何才能化解愤怒，将这一积压许久的痼疾有效治愈呢？

第一，当他人的言行触动你心中的怒火时，不要让这种“火势”蔓延，这时，你要深呼吸，使自己的呼吸保持平稳后再与人说出自己的观点，克制自己的情绪后，再找出让自己愤怒的原因。

第二，当怒火燃烧时，你要低估外因的伤害，即把激怒自己的言行看淡、看轻，避免进一步的冲突。为此，你可以给自己下达一个命令“我要冷静、冷静、再冷静”；当怒气熄火时，你要有一定的反省意识，俗话说“一个巴掌拍不响”，要找自己的错误。

第三，把愤怒由情绪中抽离出来。愤怒并非一无是处，它可以是一种前进的动力、一种人际交往的策略，也是看清自身的一种方式。但愤怒若是与情绪挂钩，这样的愤怒就是极不可取的。因此，我们应该学会利用愤怒，而不是被它利用。

在这个世界上，最残忍的两个字莫过于“后悔”，为了不让自己一生有所遗憾，你就要学会控制自己的怒气，不要让愤恨这一痼疾在你的生命中留下污点。

end